Ⓢ新潮新書

山本益博
YAMAMOTO Masuhiro

至福のすし

「すきやばし次郎」の職人芸術

046

新潮社

写真撮影＝管　洋志

はじめに――江戸前ずしの名人に挑む

十九歳のとき、噺家《はなしか》桂文楽の高座に出逢って以来、わたしはこれまでずっと名人を憧れを持って見つめてきた。わたしの情熱の対象が落語から料理へ変わろうと、追い求めるのはいつも名人だった。

名人はなにも高座や舞台の上にばかりいるとは限らない。調理場にもスタジアムにも、土俵の上にだっている。名人とは、職人仕事の質の高さを身体表現でもって示してみせることができる人をいう。

わたしは何事につけ質の高い仕事というのが大好きで、その意味において職人仕事の頂点である、名人による本物の最高の身体表現は、わたしの好奇心をいっそう掻き立て、向上心に灯をともしてくれるのである。

いまから十数年前、わたしは当時、わが心のうちを占領していた名人ばかりを追いかけ、エッセイにまとめた。それが『プロフェッショナルの本領』（一九九三年新潮社刊）の一冊で、料理人のアラン・シャペル、ベルナール・パコォ、ジョエル・ロビュション、小野二郎、早乙女哲哉、指揮者のアルトゥーロ・トスカニーニ、カルロス・クライバー、落語家の立川談志、テニスのイワン・レンドル、力士の北勝海《ほくとうみ》の十人を取り上げた。

かれらが身体でもって表現する〝芸能、芸術〟に、職人仕事を嗅ぎ取ったわたしは、かれらの表現するものに出逢うたび、「職人とは何か？」を考え続けてきた。〝職人気質《かたぎ》〟という言葉があるように、かれらの仕事に対する精神のありようには、ジャンルを超えて、いくつも共通するものが流れていることにも気がつかされた。

十名の中で、当時すでに鬼籍に入っていたのは、アラン・シャペルとアルトゥーロ・トスカニーニだったが、その後、テニスのイワン・レンドルと相撲の北勝海は引退して久しい。ロビュションも一時現役引退を表明したが、つい先頃、パリに新店を開き、再びフランス料理界の最前線へ戻ってきた。

予想外の驚きと喜びは、「すきやばし次郎」主人小野二郎が、平成十五年（二〇〇三年）現在、七十八歳にしていまだに現役、すし職人として最高齢であるばかりでなく、生涯最高の仕事を見せていることである。

『プロフェッショナルの本領』で取り上げながら、書き終えてもなおその仕事に未練を覚え、いつか再び機会がめぐってくれれば、もう一度、この不世出の名人についてまとめてみたいという気持ちが、ずっと消えないままでいた。

いまが、そのラストチャンスではなかろうかと思う。

平成九年（一九九七年）、里見真三著『すきやばし次郎　旬を握る』（文藝春秋）の中で、小野二郎さんは「すきやばし次郎」の仕事の全容を披露された。すし屋の仕事をすべて公開したところで、誰も絶対に真似できぬという自負があったからこそだろうが、これは画期的な出版だったと言ってよい。そして、小野二郎さんはこの本をまとめられたことで、職人としてさらに上を目指そうという向上心に火がついたに違いない。この十年、「次郎」さんの仕事ぶりをつぶさに見てきたわたしは、間違いなくそう思う。

そして、食べ手として、わたしにも拍車がかかった。

わたしは、プロフェッショナルである職人に対し、つねに敬意を払い続ける客でありたいと願っているから、玄人と素人を分ける〝結界〟の意識を忘れたことはない。

すし屋のカウンター、つまり、つけ台の前に座っているときは、そのつけ台こそが、〝結界〟であって、芸者や幇間《たいこもち》が座敷に現れたとき、客の前へ扇子を置いて、〝結界〟を作ってから挨拶をするごとく、つねにつけ台の向こう側が玄人、こちら側が素人という、客としてののりを越えてはいけないと考えている。

だから、職人仕事を軽んじるような発言は慎もう。その仕事の中へ土足で踏み込むようなことは、けっしてしてはならない。調理場での出来事は職人仕事を知る上でとても大きな手助けにはなるのだが、客にとってはつけ台ににぎられたすしに表現された中身こそが、なにより大切なことなのである。

これからわたしがここで書いてゆこうと思うのは、「すきやばし次郎」のつけ台という〝結界〟をはさんで、小野二郎のにぎるすしを食べながら考えてきたことがらである。

至福のすし　「すきやばし次郎」の職人芸術――目次

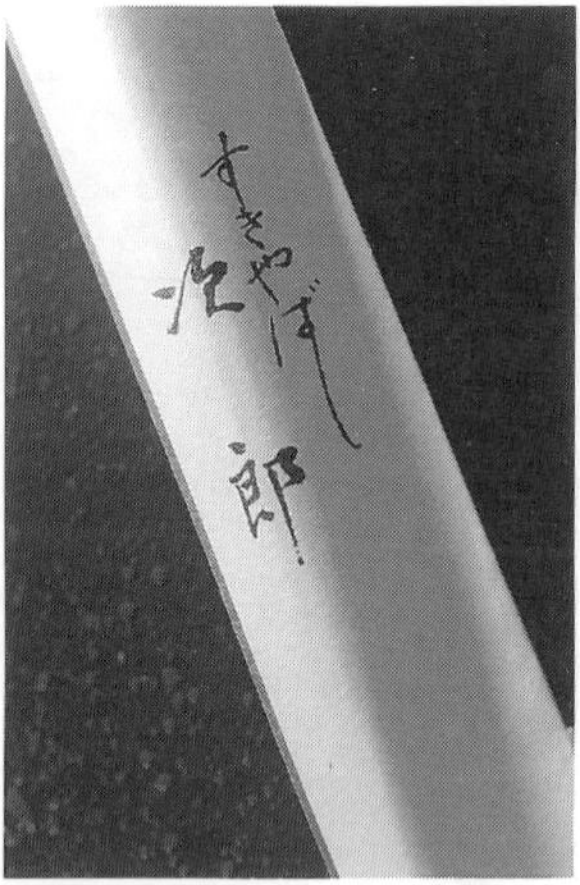
すきやばし
次郎

第一章　小野二郎に出逢う

1　料理人の条件

職人仕事というものが、毎日の同じ作業の繰り返しの中から真実を探し当てるものだとすれば、料理はまさしく、頭で考えたことを手でもって表現する職人仕事にほかならない。

この職人仕事に徹する料理人に共通する職人気質とでもいうようなものを見てゆくと、〈健康、感性、清潔、勤勉、謙虚〉の五つの要素は欠かせないように思われる。

料理人は、まず、なにより健康でなくてはならない。健全な精神は健全な肉体に宿る、というように、料理人は長時間の重労働に耐えうるだけの頑強な肉体の持ち主であることが必要条件である。頭で考えたことを手でもって表現するだけに、脆弱《ぜいじゃく》な身体では頭脳が十分に働かないのである。

料理人の基礎は何をおいても身体づくりにあるといってよい。運動選手が身体能力を高めるためにひたすら練習を重ねるように、料理人を志した者は、考える暇を与えられる間もなく、単純作業の繰り返しの中で、身体に仕事を覚えさせてゆく。

身体が無理することなくほぼ無意識のうちに仕事を流れ作業の如く完遂することが出来るようになると、身体に余裕が生まれ、疲労が溜らなくなる。そうなったとき、はじめて頭脳が働き出して、次の段階の作業を身体に命じてゆく。したがって、まずは健全な肉体ありきなのである。

料理人の手に指令を出す頭脳というのが、理性ではなく感性の働きによるところ大といってよい。鋭敏で繊細で、一種病的ともいえる感性こそ、料理人の最大の武器と呼んでよいものなのである。その鋭敏で繊細な感性は、並はずれた感覚能力を持っていて、また個性も豊かであることは言うまでもない。

この病的ともいえる感性は、教え伝えられるものではないし、いくら努力をしたところで学んで獲得できるものでもない。その料理人に本来備わっている素質といってもよく、料理人の才能を決定づけてしまうものといっても過言ではない。

ただし、この素質は鍛練、訓練を重ねてはじめて磨きがかかるもので、その感性を磨く方法を知らずにいるとしたら、宝の持ち腐れ以外の何物でもない。そのためにこそ指導者が必要となる。よき師匠、先達《せんだつ》に恵まれるかどうかが、優れた料理人に成長するかどうかの命運を握るのではなかろうか。

清潔。料理ではこれはもう言うまでもなかろう。「清潔な調理場からでないと、美味しい料理は生まれない」とは、フランス料理のジョエル・ロビュションの口ぐせであるが、けだし名言と思う。「掃除をしていて、しすぎるということはない。汚れたらすぐに拭けばいい。それが半日もたてば洗わなくてはならない。一日置いたら磨かなくてはならない」と小野二郎は店の者にそう言う。調理場での格言といってもよいだろう。

このように、優れた料理人は清潔であることに人一倍気を遣う。料理にたずさわる職人であるならば当たりまえのことだが、調理場や身のまわりのものの清潔さに常に気をつけている料理人には、おのずとその人自身に清潔感が漂うものである。

職人の勤勉は、ひとえに仕事に対する誠実さ、忠誠心といってよい。舞台や高座の上の〝名人芸〟は、その日その場によって出来不出来が生じてしまう。それがまた〝芸〟というものの脆《もろ》さであり面白さでもあるのだが、料理の仕事ではそれは許されない。極論すれば、客の生命を預かる仕事ともいえ、ちゃらんぽらんではならないのだ。

料理人の勤勉は、また、客の生命と同じくらい素材の生命を大切にする。素材に敬意を払う姿勢があって、はじめて美味しい料理というのが生まれるのであり、仕事に対する誠実さ、忠誠心に深く根ざすのは、食べものを前にしての真摯《しんし》な姿勢である。

謙虚。手元の『広辞苑』には次のように記されている。謙遜で心にわだかまりのないこと。ひかえめですなおなこと。また『新明解』ではこう説明されている。自分の存在を低いものと客観的に見、相手の考えなどの中に取るべきものが有ればすなおに受け入れる態度を失わない様子。

謙遜の反対語は不遜で、その不遜な態度こそ職人気質の中に潜むものではなかろうかと誤解を招くことがあるが、本当はそうではない。自信はあるが自慢はしない。その確たる自信を自分に植えつけるため、主観的には自らにナンバーワンという暗示は与えるが、客観的には他人から文句を言われたくない、注文をつけられたくないという〝完璧主義〟が、料理人を謙虚にさせるのである。

料理という、百点満点が誰にも分からぬ、つまり、完璧はありえない仕事に向かうとき、この負けず嫌いの向上心こそが料理人にとって頼りになるものなのである。

職人は最高の材料で
いい仕事がしたいんです。

2　職人芸術

いまから二十年ほど前、わたしははじめて「すきやばし次郎」を訪れ、四度目の機会にして小野二郎のにぎるすしを食べた。

当時、東京の味のガイドブックを出そうと思いたち、ひとりですし、そば、てんぷら、うなぎの名店、老舗と呼ばれる飲食店を食べ歩いた。食べ歩きながら、じつはわたしが捜し求めていたのは、東京の職人仕事だった。その職人仕事を目《ま》の当たりにした一軒が「すきやばし次郎」であり、小野二郎のにぎりずしであった。

その当時のことをご紹介するのに、前述した『プロフェッショナルの本領』よりの再録を許されたい。

わたしが、はじめて数寄屋橋にある「次郎」ののれんをくぐったのは、昭和五十六年の初夏であった。

〈六月四日（木）昼　かれい、あじ、あわび、あなご、鉄火巻、たまご。にぎりの形、美しく、バランスがとれている。ガリ酢加減よし。清涼感あふれる店内〉

と、メモにはそう簡単に記してある。

東京のすしについてあらためてきちんと知りたくなって、名だたるおすし屋さんをひとまわりしていたときのことだったから、懐具合もあって、おなかが満足するほどはもちろん食べられない。だから、このときは、にぎり八個と巻もの一本、それにたまごを、つけ台（カウンター）に座って注文して食べた。年恰好から見ても、店にふさわしくない客がひとりでふらりといきなり訪れて、つまみもとらず酒も飲まず、それでいてすしをわずかばかり食べただけで帰っていったのだから、店の人にはかなり不思議な客にうつったに違いない。

そう、あのときのことを、もう少し正確に思い出してみよう。

わたしは、昼におすし屋さんへ食べに出かけるとき、いつも混み合いそうな時間は避けていたから、あのときも一時半近かったと思う。数寄屋橋の交差点からすぐの塚本素山ビルの地階へ降りていった。すると、銀座で名をなすおすし屋さんとしては、めずらしく入口の扉がガラス扉であった。しかし、その店の戸は開けられたままで、入ってすぐ左手の小上がりに、主人が半分腰をかけながら、今日の昼の仕事はもう終ったとばかりに新聞をひろげていた。わたしが店の戸口に近づくと、その主人と眼が合った。

「どうぞ、奥へ」

「いらっしゃいまし」と言わずにそう言って、主人はそのまま姿勢を変える様子がなかった。

店へ入ると左手にかぎ状につけ台があり、右手にはテーブル席がふたつあった。わたしと同年輩の職人がひとり、つけ台の向こう側に立っていて、席をすすめてくれ、そのかれがすしをにぎった。客は、わたしひとりだった。

「あまりたくさんいただけないのですが……」

「けっこうですよ」

「では、白身からいただきたいのですが」

「今日は、まこがれいですけど、よろしいですか？」

「はい」

こんなやりとりをして、おすしを食べはじめた。白身から注文したことについては理由があって、それまでは、わたしはきまってまぐろから食べていた。親の食べかたがそうだからで、親たちはいまでも変わらない。たまにわたしと一緒に出かけることがあって、わたしに合わせて白身の魚からにぎってもらっても、あとで「やっぱり、まぐろから食べなきゃ、おすしを食べた気がしない」と言う。ところが、あるとき、ふとこんなことを思った。脂ののったまぐろのあとに、いかやこはだや淡泊な白身をいただくというのは、その持ち味を味わうということではなんとももったいないのではなかろうか、と。まぐろから食べるというのは、フランス料理でステーキをいきなり食べるようなものだ。フランス料理では、料理でもワインでも、軽いものから重たいものへが原則で、さらにワインは年代の若いものから古いものへ、と言う。わたしは、これにならってみることにした。

食べはじめは白身、つぎにいか、ひかりもの、貝類と続いて、ここでまぐろ、そのあとにツメをつけるあなごなどの煮もの、それから巻もの、そして、たまごはデザートである。どの店でも同じ順序で同じ数だけ食べることにしよう。そう考えながらも、「次郎」で、いかを省き、まぐろのにぎりを食べずに鉄火巻を頼んだのは、きっとお勘定を恐れてのことだったと思う。

つけ台の向こう側に立つ職人は、おひつからすめしをつかんですしダネの上にのせてから、そのすめしをわずかばかりおひつに戻す動きのほかは、すしをにぎる姿がいたって簡潔で、にぎりの形も味もその通りであった。そして、主人は、お勘定のときだけ、店の入口脇の会計で、わたしのまえに立った。

〈また来よう〉とその場で思いながら、三カ月がたった。

二度目は、九月二十九日。「ひらめ、こはだ四、あなご、鉄火巻、たまご」を食べ、はじめて食べた「次郎」のこはだのうまさにしびれた。このときにぎってくれたのも、先だっての職人だった。その職人が、仕事の最中は無駄口を一切きかないのに、お勘定の段になって「確か、お客さんは、三カ月ぐらいまえに、いちどお見えになりましたよね」と言って、わたしを驚かせた。

そして、三度目が翌五十七年二月一日。またしてもかれがにぎり、主人は代金を受けとるだけであった。わたしは、職人さんのにぎってくれるおすしにじゅうぶん満足しながらも、主人のにぎるおすしを食べてみたいという想いはつのるばかりであった。どうしたらこの主人はつけ台に立ってわたしにおすしをにぎってくれるだろうか。わたしは、領収書をいただきながら、思いきって「こんどは、ご主人のにぎるおすしを食べてみたいです」と一言伝え、店をあとにした。

主人の視線を背中に感じて、数寄屋橋の路上へ出ても、しばらくは胸のドキドキがおさまらなかった。

それから十日後、忘れられないうちに出かけようと、心が高鳴るなか、「次郎」へ出かけた。主人は、やはり、くだんの恰好で入口横に座っていた。が、わたしの姿を認めると、すっくと立ち上がり、「いらっしゃいまし」と言うなり、前掛けを締め直しながら、足早に奥へ消えていった。

入口に立ちつくしているわたしを見て、つけ台の向こうにまわった主人が、「どうぞ、こちらへ」と、はじめてわたしを席に案内した。

客はほかに誰もいない。

「なにからにぎりましょう?」

「白身は、何がありますか?」

「ひらめです、ね」

「では、それを」

「かしこまりました」

ひらめをひとつにぎっては出し、またひとつひらめをにぎっては出す。わたしは、にぎられたひらめのおすしの上ににきりが引かれてあって最後のお化粧がすんでいるから、それをあらためて醤油につけることなくただ口へ運ぶだけ。

「いかは?」

「すみです、ね」

「では、それを」

「かしこまりました」

口へ運べば、空気がたくさん詰まったにぎりは軽く、それがたちまち崩れるのだが、そのすめしの一粒一粒がまるで生きてでもいるかのようだ。その淡いすめしと歯ざわりの心地よいすみいかの甘さが溶け合ってゆく。思わず口元がゆるんで笑いそうになったが、つけ台の向こうでは、もう次を待っている。わたしは、すみいかのにぎりが完全に喉元を通りすぎないうちに、次のすしを注文しなければならなかった。

「こはだ、お願いします」

「かしこまりました」

「まぐろの赤身、お願いします」

「かしこまりました」

「はまぐり、お願いします」

「かしこまりました」

万事この調子で、あっという間に終った。

わたしはすしダネの名だけ言い、主人は「かしこまりました」と答えるだけで、一気ににぎって一気に食べるだけだったが、それでもおすしを通じてつけ台ごしに楽しいおしゃべりが出来たように感じられ、このスウィングするようなスピード感は、わたしにはとても快いものであった。

以来、わたしは、この店へ出かけるときは必ず電話を入れることにした。

（『プロフェッショナルの本領』「江戸前は黄昏《たそがれ》たか」）

当時、小野二郎五十八歳、すでににぎりずしの職人仕事を極めていたといってよい。ところが、その後も小野二郎の〝完璧主義〟はとどまることをしらない。どんなささいな、またとるに足らないようなことでも見逃さずに、ひとつひとつを丁寧に優しく、にぎりずしに仕上げてゆく。

つけ台の前に座り、目の前の黒いつけ板に、いまにぎられたばかりのすしがふわりとおかれたその姿をしかと確かめてから、おもむろにそのにぎりを口へ運べば、にぎりずしというひとつのかたちにまとまるまで、どれほど多くの手間と工程がかけられたものであるのかが、じつによくわかるのである。どこまでも正確に、あくまでも精密に、ひたすら洗練を目指すという職人仕事である。

小野二郎は、すし職人として毎日すしをにぎるという仕事を繰り返しながら、頭の中にどんな仕事を理想として思い描いてきたのだろうか。誰しも修業をはじめたときには、親方の超人的な仕事ぶりに圧倒されるものだし、また先輩の洗練された手際の美しい仕事に憧れを抱くものである。いつかは、圧倒的な仕事量をこなし、その上で比類のない美味しさをにぎりずしの中に醸し出す腕前の持ち主になりたいという想いこそが、毎日の仕事の単調さを救い、繰り返しの作業のなかで、少しずつ無駄を省き仕事を磨き上げ、技を鍛え上げてゆくのだ。

その理想として思い描いた仕事と自分の技量を至近距離で結べるようになった職人を、わたしたちは〝名人〟と呼ぶのではなかろうか。

小野二郎のにぎったすしをつけ台で味わうというのは、その〝名人仕事〟をひとり占めすることなのである。舞台やスタジアムではこうはいかない。

その職人仕事を極めた技というのは、もはや〝名人芸〟とか〝職人芸〟という領域では表現しつくせない。敢えて、こう言わせてもらおう。現在の小野二郎の仕事こそ、〝職人芸術〟と呼ぶべきものであると。

第二章　小野二郎の五十年

1　江戸前の由来

すし屋ですしをつまむ場所を、いま誰しもがカウンターと呼ぶ。そう呼んで誰もが不思議に思わない。では、カウンターと呼ぶ以前は、あの台は何と言われていたのだろうか。

江戸時代、上方から江戸へ伝わってきたすしは、即席のにぎりずしに姿を変え、江戸の下町の人々に人気を博していった。酢めしの上に酢〆《すじめ》のさばをのせ、時間をかけて熟成させながらその味を楽しんだ上方のさばずし、通称ばってらと違い、酢めしと酢〆のこはだを小さく掌《て》の中でにぎって合わせたにぎりは、両国の華屋与兵衛《はなやよへえ》が創始者といわれている。

煮ても焼いても、ましてや刺身で食べても少しも美味しくないこの青背の小魚を、すし種に仕立ててみようと考えた発想がなんとも江戸前ではなかろうか。

日本のすしの歴史は近江のふなずしからはじまるが、ふなもさばもこはだもすべて青背、つまりひかりものの魚で、この種の魚が酢めしと最も相性がよい。江戸っ子はなんでもミニアチュア化することが得意で、それを小粋と称して楽しんだ。さばでなく、それに替わるひかりものとしてこはだに目をつけたところが、華屋与兵衛の江戸っ子としての面目躍如たる点ではなかろうか。つまり、華屋与兵衛がこはだという小魚に着眼しなかったら、江戸前のにぎりずしはこれほど発達、発展を遂げなかったに違いない。

そのこはだのにぎりを桶に入れ、もう片方の手にやかんをぶら下げ、手拭いを小粋にかぶってすしを売り歩く姿が、江戸の浮世絵に残されている。お店を構えたすし屋の出前姿なのか、町で見かけた物売り同様の歩くすし屋なのか、その判別がわたしにはつきかねるが、どちらにしても、江戸のにぎりずしは手軽で小粋な食べものとして、人々の間に急激に浸透してゆくことになる。

店を構えたすし屋では、客は籐《とう》敷きの部屋（いまでもどぜう屋で見られるような広間）に通され、そこに座って、茶を飲みながら注文したにぎりずしを待った。だから、客は職人がすしをにぎる姿を見ることはなかった。すし屋の主流がその後屋台に移ってから、にぎりたてのすしをその場でつまむようになったのである。

そのあたりの推移を、江戸風俗に詳しい杉浦日向子の『大江戸美味草紙《むまそう》』（新潮文庫）から引用させてもらおう。

すしの飯妖術という身でにぎり

これは、江戸前の握りずしが、まだめずらしかったころ、文政九年（一八二六）の句だ。「妖術という身」とは、芝居の舞台で、児雷也《じらいや》や仁木《につき》弾正《だんじょう》が、煙幕でドロンとやるときに、両手で結ぶ印のしぐさである。ちかごろのすしは、あんな指付きでこしらえる、ても奇妙じゃあねえか、おもしれえ、という観察。

ハシリのものは、高値が相場で、江戸前のすしも初手はべらぼうな値が付いていた。一個二百五十文というから、ちょっとしたフルコース並である。爆発的なブームをへて、価格破壊が起こり、その後、一個四文まで下がる。これなら小僧さんのこづかいでパクつける、ファーストフードのハンバーガー並だ。

はじめ、風雅な待合い所付きの仕舞屋《しもたや》で商われたすしは、やがて、屋台が主流となり、立ちのまま、二つ三つ、手でつまんで口にほうり込む簡易食となって、江戸ッ子の小ッ腹ふさぎに格好のスナックとなった。

江戸前のネタとしては、コハダ、アジを筆頭に、イカ、タコ、ハマグリ、アナゴ、キス、サヨリなどで、いずれも生ではなく、酢じめ、あるいは加熱調味してある。いまのすしでは、マグロがやたら珍重されるが、当時は、サツマイモ、カボチャとならぶ下下《げげ》の食い物だった。が、天保の大飢饉のとき、江戸近海でマグロが大漁となり、以来すしネタに定着した。それもトロは田畑のこやしにし、赤身のいいところをヅケといって、しょうゆとみりんにつけこんで、べっこう色になったのを飯にあわせていた。

（『大江戸美味草紙』「イキのいい奴」）

すし屋の職人がすしをにぎる場所を〝つけ場〟と呼んだのだが、これはまぐろの赤身の塊を酸化を防ぐ目的から醤油に漬け込み、その木樽を置いておいたところからそう呼ばれるようになった。その醤油漬けになったまぐろの赤身は、ひかりもの同様、酢めしとほどよい相性をみせ、〝づけ〟と呼ばれるようになり、こはだと並ぶにぎりずしの横綱となったのである。

いまでも、昔ながらのすし屋では、職人がすしをにぎる場所を〝つけ場〟と呼ぶ。そのつけ場でにぎられたすしが置かれるところが〝つけ台〟であり、〝つけ板〟である。それをいま、わたしたちは〝カウンター〟と呼んでいるのだ。

2 「つけ場」「つけ台」「づけ」「つめ」……

さて、その〝つけ台〟〝つけ板〟が、〝カウンター〟に取って替わられるようになったのは、いったいいつ頃からだったのだろうか。

まず第一に考えられるのが、大正十二年（一九二三年）九月一日に起きた関東大震災である。家屋が崩壊し多数の死者を出したこの大震災で、東京の料理店も壊滅的な打撃を受けた。東京の料理屋で働いていた料理人たちは職を失い、新たな職場を求めて関西へ流れていったといわれる。

関西、とりわけ大阪へ出かけると、かつて東京の郷土料理であったにぎりずし、そば、てんぷら、うなぎの専門店を何軒も見つけることが出来る。これらの店で江戸前と呼ばれている料理が出されるようになったのは、関東大震災以後、つまり、大正末から昭和の初めにかけてである。

一方、復興された東京へ、上方の割烹《かっぽう》料理屋が次々と進出してきた。現在、銀座にある名だたる割烹料理屋のほとんどは、この機に関西からやってきて支店を出したり、のれん分けしたり、店ごと移ってきたものである。

その割烹料理屋のスタイルが、板前割烹と呼んで、ひのきの磨かれた一枚板の前へ客を座らせ（腰掛けさせ）、その目の前で料理人が庖丁を持ち、出来上がった料理をすぐさま客の前へ運ぶものだった。

東京の江戸前料理が売り物の料理屋は、客はすべて座敷へ通し、客の目の前で、造り（刺身）を仕上げたり、お椀（吸い物）を調えることをしなかった。東京の職人気質の料理人は、調理の過程を他人に見られることを嫌がったのと、客と口をきくことを良しとしなかったためではなかろうか。

座敷に上がってかしこまらず、腰掛けることで気軽に美味しい料理が楽しめるこの上方のスタイルが、またたく間に人気を博していったのは言うまでもない。いま、東京で江戸前料理屋を見つけることは、極めてむずかしい。大塚の「なべ家《や》」のほか、指折り数えるほどしかあるまい。つまり、現在の東京は関西割烹の天下である。震災以後、長い時間をかけて上方の味を東京に浸透させていった結果というより、板前割烹という新しい食事スタイルが、東京の客たちにすんなりと受け入れられたためであると考えたほうがよさそうである。

すし屋もこの影響を受けないわけはない。東京だって、もともとは屋台の客の前ですしをにぎり、てんぷらをあげていたのだ。

だが、客の目の前ですしをにぎるにしても、まぐろの塊が醬油に漬け込んである木樽をその場に置いておくわけにはゆかない。そこで氷の冷蔵庫をつけ場にそなえつけることを考えた。これがつけ場冷蔵と呼ばれたもので、この冷蔵庫によって、まぐろの酸化を防ぐために醬油に漬け込んでおく作業も必要なくなり、ひかりものだからといってなんでも酢〆にするという仕事も減っていった。

流通機関の進歩と冷蔵設備の発達によって、すし種は一気に生ものが多くなったのである。生もののすし種が多くなれば、そのイキのよさが売り物になっていき、すし種を客たちにプレゼンテーションするガラスケースがつけ台に据えられるようになっていった。そして、〝江戸前〟とはまぐろの赤身を醬油漬けにしたり、こはだをはじめとするひかりものを酢〆にするといった職人仕事の代名詞であったが、いつしか江戸っ子の意気や粋が魚介の活きに転化され、意味が変っていったのである。

当然、づけという江戸前の職人仕事がなくなってゆけば、つけ場、つけ台という言葉も一緒に廃れてゆく。そこへもってきての、上方の板前割烹の隆盛である。このひのきの一枚板を、バーのカウンターになぞらえ、カウンター割烹と称するようになるまで、さして時間はかからなかったのではなかろうか。

すし屋のつけ台、つけ板をカウンターと誰しもが呼ぶようになった頃、すし職人と言われていたはずの料理人たちが、板前さんと呼ばれるようになった。職人は、プロフェッショナルという意味での尊称であるはずなのに、それを蔑称と思い込んできたすし職人たちは、自分たちのことを日本料理の料理人と同じ板前と呼ばれることに何の抵抗も示さず、それがそのまま現在に至っているといってよい。

このように、呼称が変化したり、廃れていったりした言葉がすし屋にはまだいくつもある。

醤油のことを職人の符丁でムラサキと言うが、これは生《き》醤油のことで、にぎったすしの上から刷毛《はけ》で引く醤油のことは〝煮切り〟と呼んで区別する。昔は醤油にみりんを加え、酒を入れたりして、火にかけ沸騰させ、醤油の生の強さをマイルドにさせた。醤油を火にかけ煮切ったところからこの名がついた。

また、穴子やしゃこのにぎりの上に、これまた刷毛で塗るソースを〝つめ〟と呼ぶ。穴子を煮込んだ汁を煮つめていって作ったソースであるところから名前がついたのだが、〝煮切り〟にしても〝つめ〟にしても、職人仕事あっての呼称であり、煮汁をつめる仕事をしていないすし屋では、〝つめ〟を〝甘だれ〟などと呼んでいる。

3 東京を目指す

小野二郎は大正十四年（一九二五年）十月二十七日、静岡県天竜市に生まれた。関東大震災後、東京と関西の料理人や料理店の交流、往来がはじまった頃である。

彼は小学二年生、八歳のとき、二俣町（天竜市）の割烹旅館へ奉公に出された。小学校へ通いながらの雑用係という下働き。朝、学校へ行くまえに店の掃除をし、学校から帰ってくると店の出前や調理場の片付けなどに追われたという。

そこで、「次郎」さんは、どんな子供だったのか、本人に伺ってみた。

「まず、勉強が大ッ嫌い、おまけに喧嘩ッ早い、そういう子供でした。でも、奉公に出されても、悲愴感ってなかったです。つらいと思ったこともありませんでした。我慢強いというのもあったかもしれませんが、ここを追い出されたら、もうあとがない、そんな感じでしたから、嫌だと思ったことはなかったですね」

結局、小学校を卒業したあとも、昭和十六年（一九四一年）、十六歳で軍需工場に徴用されるまで、料理人として働いた。

「十六歳で、庖丁はもう一人前に持てました。刺身の盛り込みだって出来ました。いまから思えば、庖丁の腕前なんか、十六の頃からあまり進歩してないと思えるくらい使えていましたね。わたしは左利きでしたから、箸は小学一、二年で右に直しましたし、庖丁も十三歳のときに右で使えるようにしました。十代のうちに身体に覚え込ませた技術というのは、一生の財産になるもので、腕前だって本当はその頃が一番なんじゃないですか……」

そして、昭和十六年十二月十五日に徴用され、横浜の軍需工場で昭和十九年十二月三十一日まで爆弾を製造していたという。明くる昭和二十年一月五日、徴兵され、八月終戦。

「兵隊から還って、浜松の料理屋で働きはじめました。何年か経って、二軒目の料理屋で働いていたときです。『自分でやるなら、料理屋よりすし屋がいい』って思ったんですね。料理屋だと、器からしつらえまでお金がかかる。それに比べると、すし屋はカウンターさえあれば商売が出来ると。なんとか、すし屋で働けないものかなあ、そのためには東京へ行かなきゃいけないなあ、と。わたし、じつはすしは好きじゃなかった。酸っぱいものはいまでも苦手なんです。だから、柑橘《かんきつ》類はいまでも食べないくらい」

これが小野二郎の料理人人生の第一の分岐点だった。料理屋の板前の道を進むのであれば、彼はおそらくその後関西へ出かけていっただろう。そのとき、すし屋の職人の道を選んだため、彼は東京を目指すことになる。

　知人のつてを頼って修業に入ったすし屋が、京橋の「与志乃《よしの》」だった。昭和二十六年の五月、小野二郎二十六歳のときだった。十代のときにすでに庖丁は自在に扱えたとはいえ、すし職人としてのスタートとしてはかなり遅いといえよう。小野二郎の五十年以上に及ぶすし職人としての人生が、このときからはじまった。

　当時、「与志乃」は名だたるすし屋の一軒だったから、彼より若くて腕のたつ職人が何人もいたという。

「そりゃもう一所懸命仕事しましたよ。負けず嫌いでしたし、早く仕事で追いつかなきゃいけないと……。休み時間に皆がキャッチボールしているときや、お祭りのときでさえ、店でひとり必死に仕事してました」

　その仕事ぶりは主人の目につかないわけがない。三年経ったところで、大阪で小さなすし屋をまかされることになる。

「法善寺横丁に『みどり』って料理屋があって、その店が梅田ですし屋をはじめたんです。そこに『与志乃』の職人がいったんですが、関西と東京とじゃ、どうしても水が合わない。職人がすぐに帰ってきちゃうんです。そこで、おやじに指名されたのがわたしで、結局、そこに六年いました。

こはだ、まぐろは東京から運びましたが、たい、たこ、えび、穴子なんかはいいものが揃ってるんですね。たいなんか、それまで扱っていたのと全然違う。だから、あとで東京へ戻っても、たいは使えませんでした。いまでも使いません。明石のたこも、なんでこんなに香りがあって柔らかいんだろうって……。

ですから、いい魚を知ったという意味では、大阪にいた六年はよかったことになりますね」

昭和三十五年三月、帰京。その年の十二月に「与志乃」が銀座に支店を出すことになり、小野二郎はこの店を任されることになった。

4　「次郎」ののれんを掲げる

二十六歳のとき、割烹の料理人をやめ、すし職人として上京したのが、小野二郎の料理人人生の第一の分岐点なら、大阪の店を任されそこですしをにぎったことは、第二の分岐点、転換点といってよいだろう。彼のこの大阪時代なくして、「次郎」を「次郎」たらしめているすし種のひとつ、冬のたこのにぎりは生まれなかったからである。店で扱うすし種すべてを、それぞれ最上の状態にまで高めようとする仕事の姿勢は、関東のたこでもって、なんとか、いや、なんとしてでも明石のたこの味に負けないものに仕上げようと、執念深く素材の質と調理を追い詰めていったことがきっかけになっている。

ジョエル・ロビュションがこのたこを「すきやばし次郎」で食べたときのことである。スペインで食べてもたこはゴムのように堅いばかりで味もない、それだから決してすんでは食べないのだが、目の前で「次郎」さんが切ってにぎってくれたのでは、いただかないわけにはゆかないと、珍しくゆっくりと手を延ばし、つまんで口へ運んだ。するとどうだろう。みるみる顔つきが変わっていって、横にいたわたしに向かってこう呟いたのだ。

「うーん、ラングースト（伊勢えび）の味がする！」

目を丸くして感嘆しきりだった。

そのことをすぐに目の前でにぎっている「次郎」さんに告げると、

「お嫌いというのに、召し上がってすぐに『伊勢えびの味がする』というのはさすがですね。たこはえびを餌にしてたべていますからね。日本人はたこの味たこの味って言うだけですけど、恐ろしい方ですね、ロブションさんという方は……」

ロビュションは、すかさず、ほんのりとした温かさでたこをにぎり、そこに粗塩を添えたことが、「次郎」さんのオリジナルであるかどうかを確認したのだが、小野二郎にとって、五十年に及ぶ執念の果てのたこの仕事を、ほかならぬロビュションに絶讃され、このときほどすし職人冥利《みょうり》に尽きたことはなかったのではなかろうか。

さて、銀座で「与志乃」ののれんを掲げて営業をはじめて四年後、昭和四十年一月に第三の分岐点が訪れることになる。

ビルのテナントとしての契約更改に当たり、ビル側と店側とでちょっとした意見の食い違いがおこり、「与志乃」は営業を継続できなくなってしまった。そのとき、ビルのオーナーから小野二郎に、引き続いてここですし屋をやらないかと誘いがあり、新たに「次郎」ののれんを掲げ、晴れて小野二郎は銀座のすし屋の主人となった。

「東京へ出て、すし屋で働こうとおもったのも、いつかは銀座に店が持ちたいと、もうその頃からおぼろげながらそういう考えがありましたからね。ビルのオーナーから声をかけられたときは、もうふたつ返事でした」

小野二郎、このとき三十九歳。すし屋の主人となって独立するには格好の年齢といってよいのではなかろうか。いまでは、二十歳代のうちに独立し、すし屋を開く職人がいくらもいるが、職人仕事がまっとう出来るようになっても、主人として覚える仕事がまだ残っているはずである。また、いったん主人となってしまったすし職人は、新たに湧いてきた職人仕事の疑問点をぶつけるべき親方、先輩はその場に存在しないため、問題解決はすべて自分自身、ときにはかなりの遠回りを覚悟しなければならない。

十代の半ばから仕事に就き、それから十年ほどかけて、つまり旬《しゅん》の素材を十回こなしてみて、料理人の職人仕事というのを身体に覚えさせ、それから、従業員としての職人を扱う術《すべ》をはじめ、経理などの店の管理能力を学んで、ようやく一人前の主人と呼べるのではなかろうか。

小野二郎は、料理人としてのスタートは十三歳と早いが、十六歳から四年間は戦争のために仕事に就けていない。本来なら最も腕を上げる十代後半をフイにしているのだが、十三歳から仕事をはじめたことが幸いした。この三年間があったからこそ、二十歳からの料理人としての再スタートがスムーズに切れ、二十六歳にしてすし屋になろうと上京しても、仕事の遅れをすぐに取り戻すことができたといえる。

だから、二十九歳からの大阪行きは、身体で覚える職人仕事をまっとうしての、第二段階の仕事を身につけるステップだったといってよい。ここですし屋の主人となるべき仕事をやりこなせたからこそ、その後、「与志乃」の主人から銀座店を任せられることになったのである。戦争はあったものの、小野二郎の料理人人生にとって、時と人に恵まれた幸運はとても大きいといえよう。その幸運を招き寄せる原動力が、小野二郎の負けず嫌いと執念深さに由来する〝完璧主義〟にあることは言うまでもない。

5　七十八歳にして

銀座四丁目数寄屋橋交差点「不二家」のビルのすぐ隣に塚本素山ビルがある。その地階に「すきやばし次郎」はある。この地階から地下鉄丸ノ内線につながる連絡口があって、銀座といえどもすし屋の出店場所としては一等地とは言い難い。

だが、小野二郎はそこで銀座のすし屋の主人になるという念願の夢を果たした。

「ビルのオーナーからやってみないかって言われて、すぐに『やらせていただきます』とは答えたものの、お金なんてありゃしない。でも、一階に銀行が入ってて、そこからオーナーさんの口ききで具合よくお金を借りることができ、無事『次郎』ののれんを出すことができたんです」

本名が小野二郎であるのに、店名を「次郎」としたわけを伺うと、

「すし屋で『二郎』じゃ、なんだか間が抜けてるでしょ。それで『次郎』としたんです。それだけです。でも『次郎』と看板を出してから、小野次郎と思う方がずいぶんといらっしゃいます」

さて、一軒のすし屋の主人となったわけだが、ひとり立ちしたときの心持ちはどんなものだったのだろうか。

「別に気負いはありませんでしたよ。それまでやってた店でもありますし……。

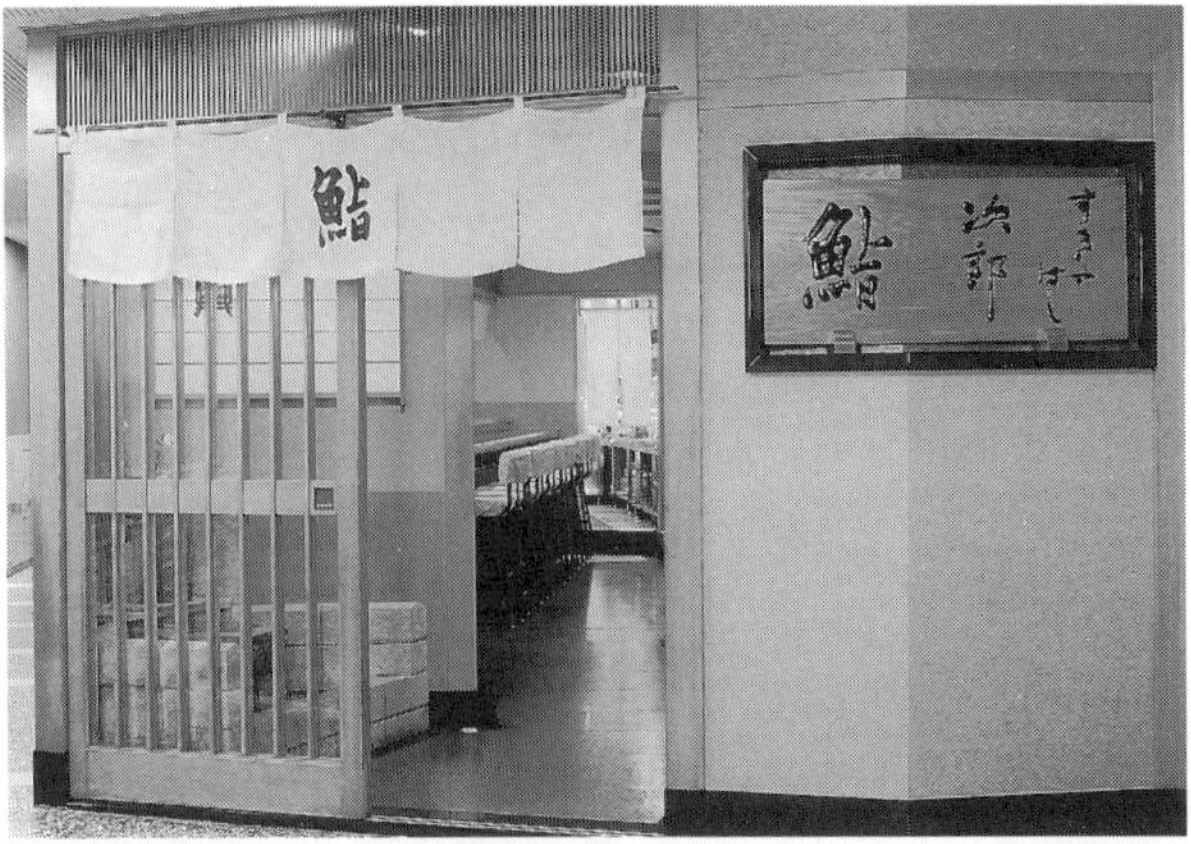

すし屋で「二郎」じゃ、なんだか間が抜けてるでしょ。
それで「次郎」としたんです。

あるとすれば、『与志乃』にだけは負けたくない、京橋のおやじの店には負けたくない、それですね。事情が事情で、言ってみれば、これケンカ別れですから……。いつものわたしの負けず嫌いというやつ、これだけはずっと持ってました」

以後、小野二郎は、京橋の「与志乃」に追いつけ追い越せとばかりに、すし屋の仕事に没頭してゆく。

築地の河岸《かし》で仕入れる魚は、なんでも最上のものでなくては気に入らない。質の高い魚が手に入るのなら、仕入れる値段など問題外、なにしろ、魚の値を問いただしたことがただの一度もないというのだ。

数年まえ、それまでまぐろを仕入れていた仲買先を変えた。

「これはケンカしたわけじゃないんですよ。築地に入った一番のまぐろを落としてこなくなってしまったんです。気に入らないまぐろの日が多くなって、直談判《じか》したんですけど、代が替わると話が通じない。

そうなったら仲買を変えるしかしかたないですからね。こっちは値段じゃないんです。いいまぐろが欲しい。いいまぐろがありゃ、値段なんて二の次。職人は最高の材料でいい仕事がしたいんです」

最上の魚と、さらにそれ以上の気遣いをして炊き上げ、酢と合わせた酢めしを両の掌でにぎるのだが、小野二郎の両手はいまもってなおみずみずしく艶《つや》やかである。とても八十歳近くなった人間の手とは思えない。

「もしも六十歳を過ぎても人前ですしをにぎることがあったら、しわだらけの手じゃお客様に失礼でしょう。そう考えて、四十代のときから、外出のときは必ず手袋をするようにしたんです。冬ばかりでなく夏もです。つまり一年中、ですから手袋は何種類も持っていますよ。

それがまさか、こんな歳になるまですしをにぎっていようとは思いませんでした。いまその四十代の手袋が効いていますね。

でもね、年寄りの手には変わりないので、手入れは人一倍です。手ばかりじゃない、顔にシミも出来ますでしょ、これもわたしいやなんです。そこでときどきシミとりもしてます。お金かかるけど、ジジクサイのはヤですから……」

「次郎」さんのにぎるすしは、まるで宝石のような輝きがあるが、このケアを十二分にされた手だからこその美しさであるのは間違いない。

「それでも、仕事をはじめる最初のにぎりは昔のように手がなじまないんですね。ですから、十二時にご予約のお客様がいても、店を開けた十一時半に一人前を注文されるお客様がやってきますよね。その一人前のすし、いまわたしがにぎるんです」

七十八歳にして、いまだにウォーミングアップのすしをにぎる。

「にぎっていて、途中で後ろの壁に寄りかかるのもいやですから、足腰も丈夫にしておかなきゃいけない。

わたしの家は中野新橋ですけど、朝は新宿まで歩いて、そこから丸ノ内線に乗って銀座の店へ出ます。昼休みには銀座をブラブラッと散歩しますでしょ。店終わったあとは、銀座から地下鉄に乗りますが、ひと駅まえの中野坂上で降りて、そこから歩いて帰ってます」

果てしのない技術の研磨に加えての、徹底した厳しい自己管理。〝完璧主義者〟の面目躍如たるものがあるが、小野二郎にとってすし職人の仕事は、もう〝天職〟と呼ぶほかあるまい。

第三章　「すきやばし次郎」の一年——小野二郎に聞く　Ⅰ

1　季節をめぐりながら

平成十五年（二〇〇三年）現在、「すきやばし次郎」は、ある意味で絶頂期にあるといってよい。

今から五、六年ほど前、主人小野二郎が、すしを握りながら、わたしにポロリとこうこぼしたことがある。

「近頃、手に酢めしがときどきくっつくんですよ。以前は、こんなこと決してなかったんですが、にぎったあと手を見ると、酢めしが一粒、手の甲にくっついたりしている。すぐにふきんで落とすんですけど、みっともないですね。腕が落ちてる証拠です」

わたしはこの言葉を聞いて、さすが「次郎」さん、と思った。なぜなら、職人というのは、技倆の衰えは、自ら認めたくないものだからである。

昨日も今日も明日も、同じ仕事を繰り返しながら、繰り返し同じ仕事をしないのが職人仕事である。小野二郎は、その同じ仕事の繰り返しの中で、わずかの変化も見逃さないというわけだ。この技倆の衰えの自覚こそが、また新たな向上心を生むのである。技と体力の衰退を何でもってカバーしようかと。

だから、正直言って、この二十年間、小野二郎の仕事ぶりを店へ通いながら見てきたわたしから見ると、小野二郎個人の、職人としての絶頂期は過ぎているのかも知れない。

十年ほど前の仕事ぶりは、それは凄かった。気迫が充実していて、体調も万全、目の前に客が四人五人座っていても、すしを握るほうのスピードが客の食べるピッチよりも勝っていた。

しかも、流線型のにぎりは艶っぽいほどに色気があって美しく、にぎられたすしはすぐにつまんで口へ運びたいのだが、つい見惚《みと》れてしまうほどだった。もちろん、今でも、にぎりの美しさにまったく変化はない。にぎられたすしがつけ台に置かれた瞬間、そのにぎりが一、二ミリ沈んで軟着陸するところも、今までと変わらず、技そのものは磨きがかかったままで、サビているところは一点もない。ないのは、勢い、それもスイングするような躍動感だけは、かつてのようには伝わってこない、ということである。

それを補って余りあるのが、チームワークである。父親であり、師匠でもある小野二郎のもとで、すでに二十年以上も修業を積んできた息子ふたり、禎一《よしかず》さんと隆士《たかし》さんが、二〇〇三年三月までは飛車角となって店を支えていた。仕入れ、仕込み、営業、どれにも無理と無駄のないフォーメーションが組まれ、お客がカウンターに並び、どんなに立てこんでいても、仕事は静かに整然と進行する。「いらっしゃーい！」と威勢のいい声を上げるすし屋と対極にある世界といってよい。この世界は、毎日の仕事の再点検を怠らず、とどこおりなく準備を済ませて客を待つという自信から、自然と生まれてくるものではなかろうかと思う。

そして、四月、六本木ヒルズに「すきやばし次郎」の支店がオープンし、次男の隆士が職人数名とともにそちらへ移った。したがって、現在の銀座の「すきやばし次郎」は、小野二郎、長男禎一、そのほか職人三名の総勢五名のみのチームである。三月までとくらべ、人数は半減したものの、少数精鋭部隊でチームプレーはまったくスキがない。客が〝おまかせ〟を注文すれば、にぎりが流れるようなテンポでつけ台に出てくる。

つけ場（カウンター内）に立ってすしをにぎるのは、小野二郎と禎一のふたり、そのすぐ隣り、調理場に近いところに、すでに十年以上の職歴のある若い職人、高橋青空《はるたか》が立つ。追い回しと言って、つけ場から調理場へいろいろ注文、指示を出す役まわりである。

カウンター十席が埋まっていればふたりがにぎり、追い回しの彼は奥へ指示を出すばかりでなく、次のすし種の準備、あじを下ろしたり、茹で上がったえびの殻をむいたりする。言ってみれば、にぎり手がオーケストラの指揮者であるなら、追い回し役はコンサートマスターである。このコンサートマスターがオーケストラ（裏方）をしっかりコントロール出来てさえいれば、指揮者は優雅に棒を振るだけで、声を出す必要がない。すべては、午前中の仕込みの段階で指示、調整は完了しているのである。

このように、小野二郎は、〝おまかせ〟でにぎるすしのオーダー（順番の組み立て）を完成させるばかりでなく、そのすしを淀みなく客の前でにぎれるシステムを作り上げるまで、長い歳月を要した。

その「次郎」の〝おまかせ〟は、季節を巡りながら、一年に四、五回、その内容が変化する。ただし、固定はされていない。この一年にわたしがいただいた「次郎」のにぎりを、にぎられた順に書き記してみると次のようになる。

【春】 ひらめ すみいか しまあじ づけ 赤身 中とろ 大とろ こはだ はまぐり あじ えび さより 赤貝 さば うに 小柱 いくら 穴子 かんぴょう巻 たまご

【初夏】 かれい あおりいか しまあじ づけ 中とろ 大とろ こはだ あわびあじ えび とり貝 かつを 赤貝 しゃこ うに 小柱 いくら 穴子 かんぴょう巻 たまご

【盛夏】 かれい しんいか しまあじ づけ 中とろ 大とろ しんこ あわびあじ えび 赤貝 しゃこ うに 小柱 いくら みる貝 穴子 かんぴょう巻 おぼろ巻 たまご

【秋】 ひらめ すみいか かんぱち づけ 赤身 中とろ 大とろ こはだ はま

ぐり　あじ　えび　いわし　赤貝　うに　小柱　いくら　みる貝　穴子　かんぴょう巻　たまご

【冬】　ひらめ　すみいか　いなだ　づけ　中とろ　大とろ　こはだ　はまぐり　さより　えび　たこ　赤貝　さば　うに　小柱　いくら　みる貝　穴子　かんぴょう巻　たまご

予約した時間きっちりにカウンター席に座り、いざ「次郎」さんがすしをにぎりはじめると、にぎる「次郎」さんも食べるわたしもほとんど口をきかない。「次郎」さんはよほどのことがない限り自分から口を開くことはないので、会話が生まれるきっかけはわたしが作ることになる。そのときは、にぎりをつまみ、そのあまりの美味さに感嘆の声を挙げるタイミングであることが多い。

というわけで、以下の話は、わたしがいつもにぎりをつまむ順序にほぼ沿って、すしを食べ終えたあとに伺ったお話である。

2 赤身が一番好き

山本 いつの頃からか〝おまかせ〟ですしをにぎってもらうようになりましたが、その〝おまかせ〟が「次郎」では、いつも白身からはじまりますよね。今日もかれいではじまり、すみいかがでて、しまあじと続きました。こういう出し方、スタイルはいつ頃からでしょうか。

二郎 山本さんのガイド（一九八四年講談社刊『東京・味のグランプリ』）以降のことですよ（笑）。それまでは、どこのすし屋でも、まずまぐろをにぎって出したものです。中とろ二個、大とろ二個、お客もそれを当たり前と思ってましたね。てんぷら屋が、まずえびを揚げるように、すし屋はまぐろでした。

山本 すしを二個ずつにぎるというのも、以前はそれが当たり前でしたが、近頃ではひとつというのが多くなりました。二個ずつではいろいろ食べられない。「次郎」では、すし種が十五種類以上いつも用意されているので、二個ずつにぎってもらっていては、とても食べきれない。それでひとつずつ……。

二郎　一個ずつにぎるっていうのは、うちでは以前からやってました。「なんで二個にぎって出さないんだ」って客がいましたけど、「二個いっぺんに口に入るんなら出すよ」って（笑）。

山本　わたしとしては、ガイドを出しはじめた二十年ほど前、すし屋をいつも二軒はしごしてました。どの店でも、すし種と数を同じにして。それでないとよく分からない。いや、その比較が一番的確に分かるんです。

それで、にぎりずしで欠かせないすし種を考えました。まず、まぐろ。そして、こはだ。これは「江戸前」の両横綱ですよね。そのまぐろも脂ののったとろより赤身。冷凍物のまぐろはとろではごまかせますが、赤身は脂が少ないのでごまかしようがありません。

それから、穴子。こはだは酢〆、穴子は煮るといったように、仕事のしてあるすし優先というわけです。それに、生をにぎるということで、白身、いか。それから欠かせないのがかんぴょうののり巻。そこまで食べて、仕事が優れていたらたまごをいただくと。

二郎　山本さん、最初いらした頃は、いつも五、六個しか召し上がらない。食べることをお仕事にしているのに、ずいぶんと少食の方だなあ、と（笑）。

山本　いろいろ事情があったんですよ。いや若いからいくらでも食べられましたよ。でも「次郎」でそんなに食べたら、とてもお勘定が払えない（笑）。

二郎　すしばかりじゃなく、他所《よそ》でいろいろ召し上がられるんですもの。それにたくさん食べなきゃ分からないってものじゃないです。その意味では、五、六個でも十分です。

山本　それで考えたんですね。すし屋で六個だけにぎりを食べるとすると、どういう順番で食べたら、すべてのにぎりが美味しく味わえるかと。そこで、白身からはじめるのがよかろうと。つけ台に座って、まずいきなりまぐろ、それもとろを食べるなんていうのは、フランス料理でいえば、前菜にステーキを食べるようなものじゃないか、と。味の淡い優しいものから、味の濃いもの熟成したものへ。ワインの飲む順番もそうです。

二郎　わたしもね、それでなるほどと思いました。山本さんがいつも白身から注文なさるでしょ。そして、そのことを書かれたものを読んで、なんでいままで考えもせずに、まぐろからにぎっていたのかなと。それで、うちでもすぐに変えました。

山本　いや、「次郎」の白身は、かれいでもひらめでも天下一品、ひらめなど関西の方がお墨付きを与えるほど。それを最初に食べなきゃもったいない。
二郎　ありがとうございます。そうなんです。せっかく、河岸で選んできたひらめなんですから、それが一番よく分かるところで召し上がっていただかなければね、もったいないです。
ですから、うちで白身からにぎるっていうのは、間違いなく、山本さんのガイド以降。うちへやってくるお客さんが、初めてにもかかわらず、ほとんどが〝おまかせ〟です。それで、白身からにぎりはじめて、何の抵抗もありません。いまやそれが当たり前と思っている。
山本　その白身ですけど、夏場はかれいで、冬になるとひらめですよね。
二郎　昔はすずきも使ってたんです。でも、すずきはむずかしくてね。仕入れてくるときには分からないんですが、下ろしてみると重油くさいのがある。それでやめました。（陸地に）近いところで獲れるからでしょうね。かれいはまこがれいを使ってます。
山本　しまあじは、どうしてこんなに弾力があるんだろうというくらい身が締まってますよね。でも他所でいただくしまあじは、身がどれもヤワなんです。
二郎　それ、養殖だからですよ。うちは使いませんから……。でも天然ものは本当に少ないの。築地で見つけるのも大変ですよ。多いときで七、八本、平均して五本前後しかないんです。
山本　そうですか。身が柔らかいのは養殖のせいでしたか。うっかりそこまで気がまわりませんでした。
かれい、すみいか、しまあじと出たところで、ようやくまぐろの出番。それも赤身がにぎられますが……。
二郎　これも二十年ほど前からです。それまでは、中とろ、大とろばかりで、赤身を召し上がってくださるお客様などいませんでしたから……。
山本　まぐろならではの酸味、鉄分の味が赤身にはありますよね。ですから、まぐろの赤身を食べると、酢めしと相性がじつによくって、江戸前のすしを食べたという実感が湧きますものね。
二郎　赤身は美味しいです。その赤身が美味しけりゃ、中とろ、大とろもいいんですね。

この美味しい赤身を以前は召し上がらなかったんですから、いつもわたしら奥で食べてましたし、ビルの出前がいつも赤身の鉄火丼、それくらい、残っちゃってました。
山本　冷凍のまぐろの赤身には、まぐろならではの香りも、鉄分の味も乏しいですよね。脂のところはごまかせるので、言われるまま勧められるまま食べているうち、客はとろばかり食べるようになってしまったんですね。
二郎　でも、うちでは、今、中とろ、赤身を召し上がられる方が大半です。赤身がこれだけ使えれば、いままでその分をとろに上乗せしていたものがなくなるわけですから、値段でもお客様はお得なわけですよ。

この赤身の塊を醤油に漬けておいたものが、づけである。漬け時間は季節によって異なるが、夏場などは、あっという間に醤油が浸透してしまう。数分の違いで命取りになるほど微妙な漬け加減である。
したがって、予約のお客のためにしか用意が出来ない。しかも、ひとり分のづけというのも無理である。三、四人で予約して出かけ、それでも誰かひとりが遅刻して、つけ台に座る時間が五分でも遅れようものなら、最上のづけの状態は過ぎてしまい、用意されたにもかかわらず、出逢わずじまいになることもありうる。それほどにデリケートなすし種なのである。

山本 「次郎」では、まぐろの出番になって、まず、づけ。それがないときは、赤身。そのあとに、中とろ、とろと続きます。づけと赤身の両方がにぎられることがありますけど、言ってみれば、「江戸前」のクラシックとモダンと言ったところでしょうか。赤身はそもそも酢めしと相性がいいから、たとえづけでなくともまぐろのまぐろたるところが存分に堪能できますよね。すし屋でなにが寂しいかって、まぐろの赤身が冷凍で、ここはだが生臭く感じるときで、ああ来なければよかった、と(笑)。二十年ほど前、ガイドのためにすし屋に出かけていたとき、よくそんなことがありました。

二郎 わたしも、赤身が一番好きですね。香りがなんてったっていいですもの。なかでも、十一月に大間《おおま》(青森県)に揚がったまぐろはいいです。赤身とは思えないほど脂がのってる。こういうまぐろだと、朝、仕込みのとき、味見しながらいっぱいいただいいちゃいます、これだけは役得ですね。

大間のまぐろって言われるようになって、まだ二十年くらいじゃないでしょうか。大間って下北半島の突先《とっさき》なんですが、昔はあそこではまぐろは獲れなかったんです。どうやら青函トンネルが完成して以来のようです。トンネルが出来て、その上の水温が上がって、それでまぐろが集まるようになったらしい。

山本　その大間に揚がった十一月頃のまぐろは本当に見事、素晴らしいですね。中とろでも大とろでも、脂が乗っているのに、食べるとその脂肪がすうっとキレていって、香りだけ残して口の中が爽やかになるほど。日本人に生まれてよかったと、つくづく思う瞬間ですね。

それから、ときどき〝えんぴつ〟というのをにぎって下さいますけど……。

二郎　中とろの際で、大とろに一番近い部分です。細長いものだから、ついた名前が〝えんぴつ〟。ほんの少ししかありませんから、誰にでもお出し出来るというものではないんですが、中とろでも大とろでもない味わいがありますでしょ……。

山本　見た目は大とろなのに、味わいは中とろといったところでしょうか。脂がのっていてもくどくない、淡泊なとろといった感じです。
二郎　庖丁を薄めにひいて、二枚づけのようにしてにぎるんですが、にぎってるほうも楽しいです。間違いなく美味いとこですから……。
山本　〝蛇腹〟と呼ばれる、脂のスジが入った大とろでさえ、「次郎」でいただくのは、まったく脂っぽくないですものね。
二郎　そうなんです。脂が残るようじゃいけないんです、たとえ〝蛇腹〟であっても……。

3　にぎりにくいすし種

まぐろのあとは、こはだの出番である。かつて、江戸前のこはだの旬は秋口から春先まで、それ以後は、このしろと名前を変え、大きく成長してしまうため、すし種としては扱わなかった。こはだにとって替わるひかりものとして、このあとの季節はあじの天下となっていた。

ところが、各地からこはだが築地へ届くようになって、今や通年のひかりものとなってしまった。江戸前のにぎりずしの横綱といえば、今も昔も、まぐろとこはだと言って誰も異論がないはずだ。

ここで〈江戸前〉の意味について考えてみよう。一般には、江戸の海、現在の東京湾で獲れた新鮮な魚介というのが、定説のごとくになっている。だが、当時は獲れたての魚介を、そのまますぐに刺身にして食べるといった状況にはほど遠かった。もしそれが可能であっても滅法高くついた。女房を質に入れてでも買いたい初がつをなどは、そのいい例である。

流通機構も保冷設備も十分でないからこそ、まぐろの塊を醤油に漬けて酸化を防いだり、酢〆にして日持ちをよくする工夫や知恵をあみ出したのである。それが、酢めしにことのほかよく合ったため、にぎりずしのすし種として定着し、人気を博したのではなかったか。こうした職人仕事こそ、江戸前と呼ぶべきものである。

江戸前の〝前〟を、イン・フロント・オブの前ではなく、自前、お点前、男前、さらに一人前に当たり前の〝前〟と同じように考えてみたらどうだろうか。つまり、スタイルとか流儀とかにつながる〝前〟である。となれば、江戸前は職人仕事の代名詞ということができるのではなかろうか。

「次郎」では、いきなりまぐろからにぎりはしないものの、〝おまかせ〟の序盤にして、江戸前にぎりずしの両横綱と言うべき、まぐろとこはだが登場してしまう。

白身にはじまって、どのにぎりも質がピカ一のすしで、もし、ここで食べ終えたとしても、十分に満足のゆく内容なのだが、「次郎」ではこのあとに圧巻の第二幕が開くのである。

山本　夏場のすしで、どうしても食べたいものに、あわびがあります。でも、いつでもあるわけじゃない。「次郎」さんがあわびを取り出し、庖丁で切りつけはじめるのを見ると、いつもワクワクします。

二郎　庖丁入れただけでいい香りですものね。これ、房州の大原のものじゃないと出ないんです、この香りが……。いっとき、大原のあわびは五年もの間、禁漁になりましたものね、獲り過ぎてしまったために……。おっしゃるように、ですから、夏になってもあわびが出せないときがありました。にぎってるほうも寂しかったですよ。
山本　火を通すからこその、あわびならではの鼻をくすぐる香りですよね。
二郎　生じゃ、この香りは絶対出ません。かといって、煮しめたようなあわびも、味が抜けちゃってます。そういうあわびを見ると、何でこんなもったいないことをって思います。

蒸しあわびっていいますけど、実際は煮てから漬けこみにします。

山本　そのあわびが酢めしとピタリッと合わさってにぎられますよね。他所であわびをいただくと、あわびだけがどうしても反ってしまってますが……。
二郎　庖丁を酢めしのにぎりに合わせるよう、あわびに入れるんです。アールに切るというか、真ん中がヤマになるようにね。すると、酢めしをうまく包むようににぎれるんですが、あわびの切り身は二倍近くになるでしょうか。

それにしても、とてもにぎりにくいすし種です。生のあじもにぎりにくい。うちでは、生姜のおろしたものとあさつきをはさんでにぎりますけど、生姜とあさつきを入れると、あじと酢めしがズレるんです。ですから、あじはにぎった上に生姜とあさつきをのせたりする、あれはそういうことなんです。

　これに比べたら、こはだは楽ですよ。酢〆にしてありますから、手のひらにのせたとき、親指でこはだを押さえなくとも、ひっついたままになりますから……。今度にぎるとき見ていて下さい。開いたこはだをそのままぽんと手のひらにつけると、左手で酢めしをつかんでいる間、親指で押さえつけたりしませんから……。

山本　ほかににぎりでむずかしいものと言えば何がありましょうか。

二郎　えびもにぎりにくいですね。子供さんににぎるとき、わさびを抜いてにぎるでしょ。そうすると、接着剤の役割を果たしているわさびがないものだから、なかなかむずかしいです。たこもそうですね。庖丁を入れるときににぎることを考えて入れるんですが、それでも酢めしとたこはなかなかピタッといかないです。にぎってお客様の前にお出しした瞬間、たこがポロリッと落ちたりしたらみっともないですからね……。

　そうそう、おぼろをにぎるというのもむずかしいです。おぼろを巻きものにするのなら何も問題はないのですが、これだけでにぎるとなると上手くいかないものです。昔は笹の葉を切って、そこへおぼろをのせ、そうしてにぎったものですが、いま、おぼろそのものを用意しているすし屋が少なくなりました。
おぼろはひかりものにかましてにぎるものなのですが、昔はひかりものの酢加減が強く、それを柔らげる効果があったんですね。でもいまは酢〆が昔に比べたらずっと軽くなりましたし、生でにぎるものも多くなりましたから、おぼろの出番がないわけです。
山本　「次郎」で、ときどき、たまごのあと、アンコールでおぼろを巻いて下さることがありますが、なんともいえない柔らかな味わいで、これまた江戸前仕事のひとつと言っていいんでしょうね。
二郎　そうですね。ですから、ひかりものにはさむことは少なくなりましたが、うちではいまでもおぼろをいつでも用意してます。
山本　話をあわびに戻しますけど、わたしは「次郎」のすべてのすし種から三つ選べといわれたら、迷わず挙げるのがこのあわびです。じゃあ、あとの二つはなあにって、この間、家内に聞かれたんですけど、うーん、その時々で違うって（笑）。
それくらいこのあわびは他のあわび料理の群を抜いている。その手をかけたあわびのあとが、一転して生のあじ。

二郎　はい。昔は酢〆にして、おぼろをかましてにぎったものですが、今は何もしません。そのまま下ろした生姜をはさんでにぎります。

山本　まぐろのとろやあわびのあとにあじですものね。普通だったら信じられない順序です。お連れした人は、「次郎」さんがにぎるのを見ていて、ふーん、次はあじか、ぐらいにしか思ってないいんですね。ですから、わたし、いつもチョッカイ出すんですよね。召し上がる前に、わざわざ、これ、あじですからね。くどいけどもう一回言う。これ、言っときますけど、あじですから……。

口へ運んだとたん、どなたも目を丸くする。そうして、思わず笑い出す。ええッ、これがあじですか、口の中で溶けちゃいました。すごい。これがあじなら、今まで食べていたのは、いったい何だったんだろうって。わたしはこの時、自分の手柄みたいに胸を張っちゃいますね。

二郎　魚がよけりゃ、何も余計なことすることないんですね。

山本　といっても、何もしていないわけがないわけで、「次郎」さんはよく〝手当て〟という言い方をされますよね。

二郎　河岸から仕入れて来るだけじゃいけないんですね。すぐに下処理をする、内臓をとって、氷づけにしておく。こういう手当てを出来る限り素早くやる。ひかりものは特にこの素早い手当てが肝腎です。

山本　そのあじのにぎりが、なんとも艶っぽい色気のある姿なんですね。皮目のいわゆるひかりものの部分と身の部分が半分半分で、そこに煮切りがひかれるから、とても艶っぽく見えるんですね。

二郎　昔は半身をにぎってました。それでうまみが十分ありました。でも、いまでは小さなあじではうまみがないんです。うまいあじを追いかけてゆくと、いまの大きさになってしまいました。半身をさらに二枚に下ろして、腹身に近いほうをにぎるわけです。

山本　あじのあとは、えびと続きます。あわび、あじ、車えび、夏ならではのご馳走で、すし屋は夏はすし種が乏しいと思われがちですけど、どうしてどうして、夏にしか味わえないにぎりずしってものがありますね。

二郎　車えびも夏場が美味しいですね。今年はもうひとつだったんですが、東京湾でもいい車えびが獲れるんです。

うまいあじを追いかけてゆくと、
いまの大きさになってしまいました。

山本　それは最初伺ったとき、びっくりしました。東京湾で車えびが獲れるんだと。車えびはいまや養殖ばかりと思ってましたから。

二郎　東京湾で獲れる車えびは、茹でると赤と白の縞模様が鮮やかに出るんですね。養殖だとこうはいかない。

山本　で、「次郎」さんでは、この車えびを生温かい状態でにぎってくださる。つまり、注文のたびそのつど茹でると……。

二郎　温かいえびって、美味しいですね。これをはじめたのはですね、十七、八年前でしょうか。池之端（東京都台東区）のどこかで、伊勢えびの食中毒事件が起こったんですね。確か、あれがキッカケだったと思います。それなら茹でておきせず、茹で立てをにぎって出してみようと。

そのえびを最初に出したお客様も覚えています。服部セイコーの専務さんにお出ししたんです。そしたら、これはいいと。

山本　大きさも現在のようにかなり大きなえびを使ってましたか。

二郎　そうですね。これもあじと同じで、小さいのでは甘みが乏しいんですね。茹で立てだとすぐにわかっちゃうんです。味を追いかけていると、いまの大きなえびになっちゃうんです。

山本 忘れもしない、あれは昭和六十三年（一九八八年）でした。フランス料理の巨匠、アラン・シャペルをお連れしたとき、このえびを食べたとたん、もうひとつお替わりって、言いましたものね。

「こんなに美味いクルヴェット（えび）は食べたことがない」と。

二郎 一緒にいらしたロブションさんが、シャペルさんとわたしはよく似てる、兄弟みたいだって。どっちが兄貴だってことになりましたが（笑）。

山本 あわび、あじ、えびを順に味わってゆく頃には、はじめのほうに出たまぐろもこはだも忘れちゃうんですね。あれほど美味しかったはずなのに……。それぐらいに、季節のすし種が並ぶ第二幕が凄い。これが「次郎」の〝おまかせ〟の真骨頂だと思います。

つまり、それぞれの魚に見合った仕事を的確にする。あわびや車えびといった仕事のしてあるすし種はもちろん、生のままにぎるあじでさえ、手当てという仕事をする。生のままにぎるから、これは江戸前ではないんじゃないか、と考えやすいですが、手当てという仕事は立派に江戸前の職人仕事と同じ発想なんですね。すべては、にぎりのためにというわけです。

4　はまぐりは腕の見せどころ

すし種として、あわび、あじ、えびが並ぶのは初夏から秋口にかけて、つまり「次郎」の〝おまかせ〟の夏ヴァージョンといってよいだろう。

いま一度、この章のはじめ、五季節に分けた〝おまかせ〟の中身を見ていただきたい。夏ヴァージョンのあわびに位置する冬ヴァージョンのすし種ははまぐりである。このはまぐりをはじめとする、第二幕に登場する他のすし種を、まずは列挙してみよう。それぞれのすし種の季節には多少の幅がある。

はまぐり（秋→春）
さより（秋→春）

とり貝（春→初夏）
かつを（初夏）
しゃこ（初夏→盛夏）
いわし（通年）
赤貝（秋→春）
たこ（冬）
さば（冬→春）

山本　はまぐりは、二十年前、すし屋ではすし種ではなく、お椀種としてありました。煮はまぐりは江戸前の昔ながらのすし種なんですが、二十年ほど前は消え去る運命にあったといっても過言ではないと思います。それが、いまは立派に復活しています。江戸前の仕事が残ったという意味では、とてもよかったと思います。

二郎　手をかけたものは美味いですよ。貝類をどんどん生で食べだして、煮はまなんて仕事、そもそもお客が注文しないんですから、職人はやらなくなりますよ。

地物《じもの》のはまぐりがほとんど手に入らなくなってしまったのも、すし屋から姿を消していった原因でしょうね。輸入物のはまぐりは、火を通すと堅くなってしまうんですね。堅いばかりで美味しくないんです。

山本　はまぐりは漬け込みにしたものをにぎり、その上からつめを塗っても、「次郎」でいただくはまぐりは、はまぐりの味がしっかりとする。一度これを食べたら、誰でも好きになるすし種だと思います。

二郎　はまぐりはすし屋の腕のみせどころでもあって、あわびのないときは「次郎」では欠かせないすし種です。

山本　秋からさよりがすし種として登場しますけど、「次郎」では数少ない、生のままにぎるすし種ですよね。

二郎　さよりは、身の厚いものなら、生のものでも甘みがとってもありますからね。うちで生のすし種といえば、いか、まぐろ、あじ、いわし、赤貝、みる貝、小柱、それにさよりぐらいです。

とり貝は河岸で売ってる段階で、さっと軽く湯がいてある。この加減がとてもむずかしいんです。茹で過ぎると、身が堅くなって甘みがなくなります。

昔、東京湾で獲れたとり貝は美味かったです。身はさほど厚くなく、品のいい甘みでね。最近、また少しですけど獲れはじめたんですね。

山本　東京湾のはぶ厚い肉汁たっぷりのとり貝と違い、軽やかで穏やかな甘みがある。色あいも濃い焦げ茶色でなく、淡いですよね。

二郎　とり貝は春になったとたんに出はじめ、あっという間に河岸から消えちゃう貝ですから、とても季節を感じさせてくれるすし種ですね。

山本　とり貝が出はじめると、いよいよかつをの出番となります。

二郎　五月になると仕入れるんですが、これが本当にむずかしい。河岸で見ただけじゃ分からないんです、脂がのってるかどうかが……。買ってきますでしょ、そこで開いてみるとダメ。お客様にはお出し出来ないので、ウラで食べちゃう。こんなことがしょっちゅうですもの。ホトホト厄介な魚です。

でもね、脂がほどよくのったかつをに当たったときは、仕事をしていても楽しい。ウチでは藁《わら》を燃やして、かつをの表面をさっと燻《いぶ》します。もう、このときにかつをのいい香りが立ち昇ってくるんですね。

山本　ですから、にぎられるために奥からかつをの半身が小さな板に乗ってあらわれると、「今日はツイてる！」って思いますもの（笑）。それほど、貴重なすし種ですものね。

藁でもって燻したかつををにぎるようになったのはいつ頃からですか。

二郎　土佐のほうでは昔っからやってるやり方ですよね。そうですね、三十年くらい前からでしょうかね、高知出身のくいしん坊のお客様から勧められてはじめたんです。でも、それまで知らなかったわけじゃないんです。わたしがはじめて奉公に出た料亭旅館ね、そこの親方がやってました。舞阪あたりは、いわし、かつをがよく揚がりましたから。

いまじゃ、藁を手に入れるのが大変。ウチでは幸い、毎年、栃木からまっさらの藁を調達してもらってます。

今年は五月の終わりになってもかつをがダメで、六月になってようやく何本もいいのが手に入りました。かつをって魚は、本当に厄介な魚ですよ。

山本　そのダメを出されたかつを、一回でいいから食べさせて下さいってお願いして、この間いただきましたけど、まるで天と地ぐらい差があるもので驚きました。
二郎 わかりますでしょ。味も素ッ気もないかつを。でも、河岸で売ってるんですから、それもいい値で……。ということは、どこかのすし屋では並んでいるんじゃないですか。
山本 かつをと季節を同じくして登場するすし種にしゃこがあります。「次郎」では子持ちのしゃこだけをにぎりますが……。
二郎 子持ちのしゃこのことカツブシって言うんですが、わたしが好きなんです。でも、茹でっ放しのやつをにぎったんじゃ美味くない。そこで漬け込んでおいたものを、にぎる前にしっかり汁気を切ってにぎるんです。
山本 漬け込んであるしゃこはたまごがとりわけ美味く感じます。他所ではほとんど見かけませんが、この漬け込みは……。
二郎 「与志乃」ではやらなかったですね。茹でてあるものをにぎってました。ですから、漬け込みは自分の工夫なんですが、さて、いつ頃からはじめたものか、はっきりしたところを覚えてないんですね、これは。
山本 この漬け込みの味のあるしゃこのあとや、または赤貝の替わりににぎられることがあるのがみる貝ですが……。

二郎　みる貝は味の濃い貝です。昔は東京湾でも獲れたんですが、いまはとんでもなく高い貝になってしまいました。赤貝とみる貝、すし種としたら赤貝のほうが断然上ですよ。見た目、歯ざわりも、香りも味わいも……。宮城の閖上《ゆりあげ》の赤貝がいつも入れば問題ないですよ。でも七、八月は閖上の赤貝は禁漁になりました。そこで、違うところの赤貝を捜さなければなりません。見つけても、開けてみるとダメってのがある。そんなときのためにも、高いのを承知でみる貝を仕入れるんです。

切りつけると反っくり返ってしまってにぎりにくいのですけど、出番を考えてにぎれば、これはこれで赤貝にない美味さを持った貝といえます。近ごろ、また、東京湾でも獲れるようになったと聞いています。

赤貝にしたって、昔は東京湾でいくらでも獲れたんです。肉厚でいて柔らかなヤツが……。江戸前では一度酢洗いしてからにぎってましたが、わたしが「与志乃」に入ったころは、もうそのまま生でにぎってました。昭和三十年代の東京湾の赤貝は、まだ鮮度も申し分なかったですから……。

いま、年々、いいものがなくなってってしまう。あわびも大原のって中から選《よ》って買ってきますでしょ。それだって、そうですね、二十年くらい前だったらいくらでもありましたもの、それこそ選りどり見どり。そのときの一番ランクの低いものより、いまの一番上等なのはまだ下ですよ、ホント。

山本　ところで、最近、とんとお見かけしないすし種にいわしがあるんですが……。

二郎　みんな鯨《くじら》が食っちまってるそうです。

山本　「次郎」ではまぐろのとろが出たあとに、いわしの出番があったりするんですよね。いわしの半身に庖丁が入り、皮目と身の間にたっぷり脂がのっているのがわかる。その上に煮切り醬油がさっと引かれているから、ゾクゾクッとするほどに色っぽいにぎりです。口へ運ぶと、いわしならではの香り、生臭さはまったくなく、その身が脂と一緒に溶けてさらに酢めしと渾然一体、爽やかな香りだけ遺して消えてゆきます。いつだったか、とろに一歩もヒケをとらないいわしのにぎりを評して「横綱をけたぐりで破った小兵《こひょう》の力士の味わい」と書いたことがあります。

二郎　そうでした、お褒めの言葉を頂戴しました。まぐろを褒められるより、いわしを褒められるのは何倍も嬉しかったですね。
　だって、いわしは手当てだけが勝負みたいな魚ですもの。いわしを思えば、どなたも高いすし種とは思いませんよね。でも、とても手間がかかって、苦労が引き合わない魚です。
　とにかく足が早い。河岸から仕入れたら、まず最初に手当てしなきゃならないのがいわしです。大急ぎで頭とワタの始末をして、丁寧に塩水で洗い、それを氷漬けにしておかなければ、もう夜には使いものにならなくなってしまいます。
山本　ネタ箱に、その頭とワタを取った、丸々と太ったいわしが一本見本でおいてあると、今日はいわしがあると嬉しくなるんですが、この一年、わたし、相当通っていますが、たったの一回しかお目にかかっていません。
二郎　ええ、あのとき一回だけ。あとは、河岸にはありますけど、脂がのってないので、ウチではすし種にならないんです。
山本　いまやもう幻の魚、幻のすし種ですね。捕鯨反対などが進んでしまうと、他にとんでもない影響が出るんですね。ところで、わたしの本を見て、いわしのにぎりが食べられると出かけていった人が、ネタ箱にいわしがあったけど干からびていたんで注文しなかったと、そういうことを言った人がいるんです。
二郎　あれは見本です（笑）。にぎりません。毎日、一尾ずつ冷凍しておいて、あとで煮るんです。なんともいえないうまみがあるんですね、ごはんのおかずに最高です。
　あじもそうです。ネタ箱に見本で出した一尾は、あとで冷凍庫へ。これはフライにしておかずにします。これも美味いです。本当は足の早い魚はネタ箱には入れたくないんですが、それだと今日何があるのかまるでわからないことになりますから……。
山本　いわしはこの一年でたったの一回、十月のことでした。前はよく夏から秋にかけてにぎってくださいましたよね。
二郎　夏場から脂がのって、秋口が旬、十二月になると、子を持って身がやせてしまいますので使いません。
山本　いわしのけたぐりをもう一度味わってみたいものです。旬のすし種が並ぶ第二幕で、忘れてはならないのが、たこです。「次郎」ならではという意味では、あわびと双璧かしらん。三つ目が、かつを、いわし、さばが同格で並ぶといってもいいでしょうか。

二郎　たこは前から言ってますように、大阪にいた経験があってこそのすし種です。明石のたこの味を知らなかったら、ここまでやってないでしょうね、おそらく。

　手を変えてどのくらい試したでしょうかねえ。関東のたこでもって、どうしても明石のたこのような香りと味わいを出したいと……。最も手間がかかったすし種かもわかりません。揉んで茹でるんですが、揉む時間が半端じゃいけない。茹でるタイミングもむずかしい。茹で上げたあと、冷めてしまうと香りがなくなってしまう。もう執念です。

　それが、ある関西のお客様から、

「これ明石のたこですか？」

　って言われたんですね。

　そのとき、あっこれでいいのかなって思いました。

　人肌の温度でにぎること、つめを塗るのではなく、粗塩をちょっと添えることで、たこの味と香りがぐっと引き立つんですね。

山本　そのたこですが、寒くならないと「次郎」ではお目にかかりませんが……。

二郎　夏のたこはやせてて使いものになりません。茹で上げたときすぐにわかります。

皮の部分がぶよぶよで、芯の部分と別れてしまう。たこが美味しいのは、なんといっても冬です。

旬のたこは人肌の温度で食べると、爽やかなクリの香りを感じさせますけど、この間、ロブションさんが「伊勢えびの味がする」とおっしゃいましたよね。言われてハッとしました、伊勢えびの味のほうがより近い。

ロブションさんのあと、もうおひとかた、関西のご婦人でしたけど、召し上がられて帰り際、たこを食べたら甲殻類の味がしたとおっしゃってびっくりしました。

山本 季節を感じさせる「次郎」のすし種で、あと忘れてはならないのが、さばです。寒くなってくると、食べたくなります。江戸前どころか、最も伝統あるすし種といっていい。「次郎」では初夏のかつをに冬のさばというくらい重要なすし種と思うのですが……。

二郎 その通りですね。酢めしに最もよくあうすし種のひとつといっていいでしょうね。〆加減のほどよいやつは色目もいいんです、仕上がりの色が……。切りつけてみて惚れ惚れするぐらい。

山本　にぎりでいただくと、酢めしと絶妙の相性の上、舌に刺し込んでくるようなうまみがありますもの。

二郎　〆加減がまことに微妙なんです。淡くてもいけない、〆過ぎてもいけない。〆て三日目ぐらいが丁度いい。ですから、さばをお目当てのお客様の予約が入ると、三日前から仕込んでおかなくてはなりません。

それで、さばは脂が乗っていればいいかというと、乗り過ぎてもうまくないんですね。よく、脂が乗ってるよ！　って言いますが、脂が強いだけで、香りがかえって乏しいんです。

かつをに比べたら、見分けはむずかしくありません。毎日、買ってきてはウラで食べるなんてこともありません。地物のさば、銚子や三浦半島のものでいいものが揃うので、わざわざ関さばを使うこともありません。

5　穴子はあぶらない

第一幕の幕切れがこはだで口を締めるように、第二幕はかつを、さばによって幕が下ろされる。季節感溢れるすし種がヴァラエティ豊かに並ぶ中、なんとも見事な着地点といえよう。

そして、第三幕の幕開けはうにから、続いて、小柱、いくらと軍艦巻が三つ続けて出てくる。そのあと、お定まりの穴子、かんぴょうののり巻、玉子焼が出て、「次郎」の〝おまかせ〟コースは完了する。

山本　わたし、軍艦巻っていうのが好きじゃないんです。正確に言えば、にぎっていないから……。本にはあれはカナッペなんて書いていたときがありました。

二郎　以前は召し上がりませんでしたものね。

山本　でも、最近、考えを改めました。宗旨替えです。酢めしとすし種を合わせ、にぎってはいないけれど、はじめに酢めしをにぎりのときと同じように成型するわけですし、さらに、「次郎」さんのにぎりは、酢めしとすし種を合わせてにぎるというより、そっと寄り添わせるようにして形を整えるだけだということがわかって、軍艦巻を目の敵にすることはなかろうと……。
　のりだって、毎朝、丁寧にあぶったものですから、香りが断然生きている。これは、いただかなくては損をすると（笑）。
二郎　のりは昔はどの家でも毎朝あぶったものです。でも、いま、すし屋でさえ、自分の店であぶっているなんてのは、おそらくうちだけじゃないですかね……。
山本　でも、のりの味が邪魔といって、軍艦巻にせず、うにを酢めしの上に盛り上げたもののほうがいいと言う人もいます。
二郎　わたしは、のりの香りにうには合うと思っています。
山本　でも、「次郎」のはうにがテンコ盛りで盛りすぎじゃないか、お代をいただく方便じゃないか、なんて言う人もいるんですよ。
二郎　口へ入れたとき、うにを食べてるっていう感じになってもらいたいため、贅沢に盛っているんです。写真に撮ってもらうときはあれほど盛りません（笑）。
山本　うには「次郎」では通年のすし種ですが、質を保つのが大変なようですね。
二郎　香りがよくって、軽く溶けるような、最上級品が本当に手に入りにくくなりました。鈴木宗男がいなくなったら、うにも一緒に姿を消してしまいました（笑）。獲りすぎが原因ですよ。

山本　それにしても、まるでクリームを食べているような感じです。またまたロビュションですが、とろはバター、うにはクリームを食べているようだと……。

　うにのあとは小柱で、これがまた大粒の甘みの豊かなもので、上からちょっぴり煮切り醤油を落として出してくれます。

二郎　いまはほとんどが北海道産。昔は東京湾でいっぱい獲れました。江戸前の小柱は、いまのものよりずっと色が濃くって、オレンジに近いような色、当然、味も甘みも強かったんです。

山本　そのあとにいくらの醤油漬けが出るんですが、そもそもいくらは一年中あるものではありません。それが、「次郎」では通年のすし種になってます。

二郎　これは、北海道から帰られたお客様がお土産で持ってきて下さったのがきっかけです。生臭くなく、これはすし種でいけるなって。でも、それからが大変、失敗の連続。作り置きしないのなら別ですよ、でも、いくらの季節が終わっても、なんとかすし種として出してみたい。いくらを冷凍して解凍して味つけしてみてもダメなんです。結局、醤油漬けにしてしまってから冷凍にすると、皮も堅くならずこれがうまくいきました。まったく味が変わらないんです。

ですから、いまうちの倉庫に、いくら専用の大きな冷凍庫があるんです。秋になるまでの一年分のいくらの醤油漬けをおいています。

山本　そうだったんですか。いくらの出廻る秋口が過ぎてもいくらが新鮮なまま出てくるのに、誰も疑問を感じない。それだけ自然に上手に仕上がっているということですね。

二郎　ありがとうございます。

山本　そして、いよいよ穴子の出番。

二郎　穴子はうちの売り物のひとつです。とても柔らかく煮上げてありますから、にぎるのがむずかしい。ひょっとすると、穴子がいちばんむずかしいかもしれません。

このないだ、穴子を召し上がったとたんにお客様が、どうしたらこんなに溶けちゃうのを姿残して煮ることが出来るんですかって聞いてきた。崩さずに煮るより、崩さずににぎるほうがよっぽどむずかしいのにね。

ちょっとでも力入れたら身が崩れてしまいますから、穴子をにぎるとき、穴子の上からはほとんど力を入れて押していません、さわっているだけです（笑）。

山本　力を入れているように見えますけど……。

二郎　そう見せているだけ（笑）。横から酢めしを押さえて、形を整えているだけです。

山本　空気投げですね（笑）。力が入っているようでいて、まったく力が抜けているんですから……。

その穴子をネタ箱から両手でそおっと持ち上げる前、いろいろ選ってますよね、あれ何をごらんになってるんですか。

二郎　誰が割いたかで、味がまるで違ってしまうほど、煮上がりの状態に差が出るんです。それを見るんですね。割きかたがうまくいったやつは、身割れがなくて、味もいいんです。

山本　「次郎」では、その穴子をあぶったりしません。

二郎　ええ、うちではやりません。それを手抜きだと思うお客様がいらっしゃるのね。食べてみればわかるのに、困ったことです。

山本　あぶる必要がないほど、香り、うまみが十分に出ている穴子ですものね。それを三つか四つに庖丁を入れて切り、にぎってくれるわけですが……。
二郎　これ、場所によってずい分と味が違うんですね。シッポをくれっていうお客様がときどきいらっしゃる。うちでは、小骨が当たるときがあるのでまずにぎらないんですが、シッポはいつもよく動かしているところだから美味いんだって。
　腹のほうが断然脂がのって美味いと思いますが、でも頭に近いほうだと泥臭さが残ってるときがあるんです。お客様に全員同じところをにぎってさし上げられるのなら問題ないのですが、そうはいきません。こちらの裁量にまかせていただくことになります。
山本　穴子はすし屋に欠かせないすし種ですが、夏場が断然美味しい。
二郎　そうです。五月六月七月、穴子がいちばん美味しいときです。この時期、てんぷらの「みかわ」さんへ、月二回は出かけますが、穴子のてんぷらはお替わりするほど美味しいですものね。
山本　いよいよここまでくると、〝おまかせ〟コースの幕切れ近しです。このあたりで、今日食べたものを振り返るんですよね。あれとあれが美味しかったなァ、出来たらもう一回食べたいなァ、と。それを察して、「次郎」さんが、かつををもう一回にぎりましょうか、さばをもう一回にぎりましょうか、と嬉しい誘い水を下さる。誰も断わりませんよね。ガマンするのはわたしだけかも。なぜかというと、限りあるご馳走は皆で分け合うべきだと。

いつだったか、うにを一箱まるまる食べてしまったお客さんを見て、そう思いました。そのかた、天国にのぼった気分だったでしょうね。

二郎 こはだを二十も召し上がるお客様もいらっしゃいますよ。しんこでこれをやられるとたまらないですが、手間が半端じゃないですから……。それに比べたら、うにはそのままお出しするだけですからね。

山本 『すきやばし次郎 旬を握る』の中で、著者の里見真三さんが、「最近、食べる順番をうるさく言う人がいますね。鮨のグルメ本には、必ず書いてある」って書いてらっしゃいます。これおそらくわたしのことだと思うんですが（笑）、「次郎」のすしは、やっぱり、客が好き勝手に注文しないほうが、「次郎」さんのにぎりに対する思い入れが十分にわかると思うんですね。美味いものを食べるより、ものを美味しく食べたいんですね。
その里見さんの問いかけに「次郎」さんは、「何から食べて何で終わってもいいじゃないですか。大抵のお客さんは、ご自分の好きなものから始めてますね。『お任せで』と言われれば、しつこいものばかり続かないように、間にサッパリしたネタを挟むとか、そういう握り方をしますけれども、お好みは『ご自由にどうぞ』です」と答えられている。
二郎　あの本が出たのが、九七年でしたから、当時はいまのような意識が薄かったということですね。
山本　いまや、「お好み」で食べていては「次郎」の真価はわからずじまいと、わたし確信を持って言えますよ。
二郎　十年前は、お客様の八割が飲む方、二割がすしを召し上がる方、それがいまやまったく逆で、八割のお客様がおすし目的でいらして、そのほとんどのお方が〝おまかせ〟です。
山本　いよいよ理想に近いですね。

二郎 うちはすし屋ですから、飲む方よりすしだけのお客様大歓迎です。二十年ほど前なんか、一日に四、五十個しかにぎってなかったときがあったんですから。こりゃ楽ですよ。いまは、おひとり二十個にぎるんですから、十人お客様がいれば二百個ですよ、にぎりが……。でも、あたしは、魚切ってるだけより、にぎってたほうが断然いいです。

山本 いつか、「次郎」のカウンターは、すしを食べる客だけで占められるようになったらと思いますが、夢じゃないですね。飲む方はテーブル席へどうぞと言いたいのですが、飲む方もまた、カウンター席で注文しながら、目の前で魚切ってもらいたいんですね。

二郎 そうなんです。でも、酒飲んで、つまみ食べて、最後にすしを二つ三つつまむのでは、こちらがさびしいです。

6 酢めしで夜も眠れないときがある

山本 その最後に〝おまかせ〟で出るすしがかんぴょう巻と玉子焼です。

二郎　〝おまかせ〟が多くなって、かんぴょうの仕込みが多くなりました。昔じゃ考えられなかったです。
山本　かんぴょうののり巻だと、酢めしとのりのうまさが最もよくわかります。いろいろ食べてきて、最後はやっぱり酢めしということになります。かんぴょうで酢めしが一段とわかるんですね。
二郎　ここまで来るまで、酢めしを人肌の温度のままに保たなきゃいけない。
山本　「次郎」さんがいつもおっしゃいますものね。すしで一番大切なのは酢めしだと。すし種をどんなに極上のもので揃えようが、酢めしがダメだったら、すしの値打ちはないと。すし種に最大級の神経を使いながら、それでもなお、すし種四分で酢めしが六分ですと。でも、ほとんどの人は、すし種ばかりほめて、酢めしの素晴らしさに気がつかない方が多い。
二郎　酢めしが気に入らないときはノイローゼ状態。豊作のときの米は粘ってしまって、酢めしに向かないんです。いつだったか、炊いても炊いてもダメで、夜眠れないときがありましたもの。

山本 覚えていますよ。家内と出かけて、「次郎」で食べて、満足しないときって一度たりともないっていつも言うんですけど、酢めしの状態がいつもと違って、おかしいなと思ったときが、たった一回だけありました。

二郎 それが恐いんです。台風で魚がないというのも恐いですが、気に入った米がないときがいちばん恐怖ですね。

シャリは硬めに炊きますから、小粒でいながら脂がないとパサパサなんですね。水を多くして炊いてもベタベタになってしまう。一粒一粒が立っているから、にぎっても口に入れた瞬間、酢めしがすぐに崩れて、すし種とうまくからむんです。またこれ、人肌の温度の酢めしだから、ほぐれてからむんです。冷えてしまった酢めしはそうはいきません。そのため、お櫃《ひつ》に入れた酢めしはさらに藁櫃で包んで保温してます。

山本 こちらから見てますと、にぎりが一段落すると、まず藁櫃のふたをかぶせてらっしゃいますものね。

二郎 この藁櫃を作ってくれるところも貴重になりました。すぐにダメになるってことはないのですが、うちにはいつでも予備があります。

山本　さて、にぎりのことで、「次郎」さんにどうしても聞いておかなければならないことがあります。「捨てめし」「捨てシャリ」についてです。

職人仕事というのが、つねに無駄を省いて最短距離を目指すものであるなら、お櫃からいったんつかんだ酢めしを、すし種の上にのせてから、わずかばかりつまんでお櫃に戻すのは、一工程余分な動きじゃなかろうかと思うんですね。これについて「次郎」さんのお考えは……。

二郎　「捨てめし」はするものだって、先輩たちから教わったのを、そのまま深く考えずにずうっとやってきたってことでしょうか。

一工程余計といやあ、その通りですね。

わたしのにぎりは手返ししないんですね。横にくるっとにぎりを回してしまう。これどうしてかというと、はじめは手返しをしてにぎってたんです。でも、大阪へ行ったとき、忙しくて、手返ししていたら追いつかない。そこでやめたんです。そういう風に工夫はしたんですが、「捨てめし」だけは考えませんでしたね。

山本　「次郎」さんは、お櫃から酢めしをつかむスピードが目にも止まらぬ速さです。

中指、薬指、小指の三本の指で一瞬に酢めしをつかんで、もうその瞬間、掌の中で酢めしがくるくるっと廻りながら、にぎりの原型をなしている。これゆっくり、にぎる量をはかってつかんでいたら、にぎりが遅くなりますよね。だから、考えようによれば、はじめから適量をつかむより、とりあえず素早くつかんで空気を含ませ、すし種の上へのせる。それを優先させた結果なのではなかろうかと。

二郎　自分じゃ、ほとんど無意識に近くて、よく分からないですね。でも、三本の指で素早く酢めしをつかむことはいつでも考えてきたことです。親指と人差し指は、このあとわさびをとったり、すし種に酢めしをおくのに使いますものね。

山本　でも伺ってよかったです。ずうっと、無駄な一工程と思ってましたから……。

二郎　そうですか。でも、スピードはほとんど変わらない、と自分では思ってます。

山本　さあ、それでは最後の最後の玉子焼。わたしはフランス料理のデザートのつもりで酢めしなしでそのままいただいています。卵の香りとしっとりとした食感がまことにいいですね。このところ、微妙な焼き加減のムラも感じなくなりました。

二郎　本来は酢めしに合うよう調理してあるんです。でも、ここまで来ると、皆さん、お腹がいっぱいとおっしゃる。そこで、そのままお出しすることが多くなりました。
最近、焼き手が変わり、仕上がりも微妙に違ってます。

山本　しっとりというより、じんわりといった感じですよね。

二郎　はい。六本木の支店が出来るまえは、二男の隆士がずっと焼いてましたけど、いまはハル(高橋青空)が焼いていて、分量を変えてみたいって言うので、やらせてみたらいい仕上がりなんです。なんでもやらせてみたらいいんです。これでおしまいというのはないんですから……。
まだ上がある、まだやることがあると思うので、この歳(七十八歳)でもやってられるんですね。自分じゃ、一度たりとも名人なんて思ったことありませんよ。

第四章 「すきやばし次郎」の一日——小野二郎に聞く Ⅱ

1　掃除にはじまり掃除に終わる

「すきやばし次郎」の一日は、掃除にはじまって掃除に終わるといってよい。清潔な調理場からでしか、美味しい料理は生まれない、という信念が小野二郎にはあるからだ。

店を訪れて誰しもがまず感じるのはこの清潔感である。清掃が行き届いているのはもちろんだが、魚の匂いや酢の香りがまったくしない。そのあたりの秘密から伺った。

山本　飲食店というのは、清潔というのがまずなにより大切と思うのですけど、これがなかなかクリア出来るようでいてクリアできない。清潔であることが飲食店にとって何より大事という、そのお手本のような店が「すきやばし次郎」ではなかろうか、と。わたしの知る限り、日本一清潔な店だと思います。

日本一どころじゃない、「次郎」さんと同じくらい清潔好きというか、店の中がとにかく隅から隅まできれいになってないとご機嫌が悪い、あのジョエル・ロビュションさん、その彼をいまから十五年ほど前、こちらへ初めてお連れしたとき、ロビュション、店へ入った瞬間、自分の店より清潔な店を初めて見たって言ったんですよね。

それくらい清潔なんですけど、「次郎」さんは、もともと清潔好きだったんですか。

二郎　まあ潔癖は潔癖でしたね。だけども人に言われるほど清潔かどうか……。これでごく普通じゃないですか。

でも、保健所が来ると、うちの若い連中は、保健所よりかうちのオヤジの方がうるさいから、もっとよく見ていってほしいって言います（笑）。保健所の人はうちへ来ると、勝手口のところで靴脱いで入ろうとするんです。わたしら土足で入ってるところ、あの方々は靴を脱いで入ってくる。土足でいいですよと言うんですが、本当にいいんですかと言うぐらい。保健所の人は今はうちへ来るのが五年にいっぺんぐらいですけど、表彰状は毎年来てます（笑）。

山本　すし屋さんはどこへ行っても、つい魚の匂い、酢の匂いがします。目をつぶってもすし屋とわかってしまう。それがすし屋ならではの匂いでいいとおっしゃる方もおありのようですけど、やっぱり絶対禁物ですよね。

二郎 いちばん美味しく食べていただくには、他の匂いが入らないほうがいいんです。すしはすし種と酢めしだけ、ですからそのものだけの味でないとダメですね。生臭い匂いなんてのはいちばん禁物です。

山本 やっぱり掃除が徹底してないと、流しの下のところなんかから、つい魚の匂いはすぐ匂ったり……。

二郎 わたしの店では、お勝手と調理場は、夜仕事が終わると、お湯を全部かけて洗わないことには、店は仕舞にならないんです。それをやらないと、どうしても匂いがだんだんだんだん重なっていって、しまいには匂いがついてしまう。

山本 若い人は掃除について、ブツブツ文句言わないですか。言わせない？

二郎 言ったらクビになります（笑）。

山本 その掃除、清掃にどれくらい耐えられるのかってのがありますよね。ロビュションはよく言います。「料理というのは、調理半分、掃除半分」だと。まず清潔を保てるだけの心がけというか、掃除がきちんと出来ない者は調理する資格がないと。

また、「コート・ドール」（東京・三田）の斉須（政雄）さん……。

二郎　あのお店もきれい。前に山本さんに連れていっていただいて食事したあと、厨房を見せていただきましたよね。隅から隅まで本当にきれいになっている。すごく刺激受けましたね。

山本　店が出来て十年以上たっているっていうのに、厨房はいつでも明日開店かっていうぐらい磨きに磨いてありますよね。その掃除について斉須さんに尋ねたんです。「毎日毎日掃除を徹底しているからこその清潔感と思うんですけど、仕事が終わったあとのもうひと仕事で大変じゃないですか。若い人は嫌な顔しませんか」って。

そうしたら、斉須さんこう答えたんです。

「僕も一緒にやりますよ。でも毎日やらなかったら、もっと大変ですよ。毎日きちんと掃除していれば、大掃除っていらないんですね。

僕は、この店をオーナーに任されたとき、こんなに立派な調理場作っていただいて、と思いました。いい料理を作らなきゃいけないって思いました。

そういう料理する喜び、ですね、山本さん。こんな立派な調理場で料理をすることが出来る。それに感謝するのは掃除くらいしかないじゃないですか。ですから、掃除が大変、なんて思ったことないです。いまはオーナーから店を譲り受けましたけど、その気持はまったく変わってません」

二郎　本当にその料理に対する心がけが調理場にあらわれてますよね。「コート・ドール」と恵比寿の「タイユバン・ロブション」、どちらも本当にきれい。うちなんか油物使わないから楽なんです。フランス料理店であれだけ徹底してきれいというのはショックでしたね。うちの若い連中には、あれがお手本といって、掃除しなさいって言ってます。掃除って、しすぎることってないんですもの。

山本　店へ入っても掃除ばかりっていうので、それが嫌で辞めてしまう若い人、いまどき多いんじゃありませんか。

二郎　早いのだと半日（笑）。その次だと、一日ぐらいたってもう嫌だと。二日目の朝、店へ出てこないので、連絡してみたら、一日立ってて疲れましたって。そうですね、十人来て一人残ればいいほう、一割ないかもしれませんね。

山本　みんなすし屋になりたいという若者は、つい早いところ、お客さんの目の前に出てすしをにぎりたいんですね。

二郎　うちは早くても十年たたないと店に出しませんから。ウラでの仕込みの仕事のほうがよっぽど大事なんです。その仕込みがきちんと出来るようになれば、にぎりなんてのはそうむずかしいことじゃないんです。

山本　十年。といっても、その季節その季節の魚を十回しか見ることが出来ないってことですものね、長いようで短い。そう、落語家の修業とすし屋さんの修業と似ているところがありますね。人の前に出るまで時間がかかるという意味では。

二郎　でも、十年もやって不器用ってヤツもいるんですよ。

2　ぬるいおしぼりは大ッ嫌い

山本　話を戻しますけど、掃除の話で忘れてはならないのがもうひとつありました。「次郎」さんの掃除好きのところへもってきて、店の奥のお勝手で片付けをしているお手伝いの方……。

二郎　あの方、人間国宝です（笑）。朝出て来てから帰るまで、食事以外は手から雑巾を離したことないですよ。もうどんなときでも雑巾持ってるんです。恐らくあの人、手から雑巾を離すのはトイレ行くときと、ごはん食べてるときだけです。
山本　またその雑巾がいつもピカピカに真っ白な雑巾ですね。
二郎　ええ。わたし、食事の後、その雑巾で自分の口拭きますから（笑）。そのぐらいきれいなんです。
山本　本当にきれいですよね。どうしてそういう方を見つけられたんですか。
二郎　いや、あれ募集で来たんですよ。だからわからないんです。いくら知り合いで入れてもダメなのはダメ。募集で来てもらって、ああいう方がいる。
山本　あの方がとにかく隅から隅まで。
二郎　一日中磨いてます、もう。朝店へ入って来てから帰るまで。それで八時でいいですよって言っても、七時半には来るんです。三時で終わりですよって言ったって、忙しかったら四時までいます。
山本　で、どういうところを掃除してくれるんですか。
二郎　何でも全部やっちゃいます。やらないところがない。

山本　僕らには耳が痛いような……。
二郎　本当にやらないところはない。
山本　そうすると、そういう方がやってらっしゃると、やっぱり若い人が。
二郎　もう、自然に今度はやらないと、自分が叱られると思いますからやりますよね。鍋なんかでも、前も後ろも底もピカピカにしてないと文句言われるから、きちんと磨いてありますよ。だから、その人が帰ってしまって、夜使ったのが多少ガスで色つきますよね、そうしたら、またきれいに磨いてます。
山本　鍋ばかりでなく、酢めしを入れておくお櫃《ひつ》も毎日。
二郎　磨きます。もちろん磨きますけれども、お櫃っていうのは、酢のごはんを入れるかげんか何か、全部黒くなってくるんですね、縁がずっと。ですからテレビなんかでよその店が映りますでしょ、そのすし屋さんのシャリ鉢、お櫃がですね、ほとんど黒いのありますでしょ。何で黒いのかっていうんですけども、わからないの。うちはちょっとでも黒くなったらやめます。で、新しいのを使います。
山本　魚を並べておくネタ箱、あれもいつもきれいになってますよね。

二郎　はい。一枚の板をですね、両方から磨くからだんだんだんだんだん板が薄くなる。それで隅の方は力が入らないけれど、真ん中はどうしたって力が入りますから、どんどんへって、両方から削られちゃうんですね。ですから、ネタ箱は五年ぐらいで終わりになります。

山本　それも一セットじゃなくて、二セット。いつも交替で使う。一回一回ちゃんと陰干しされるんですよね。

二郎　必ず干さないとダメですから、干してやってます。

山本　このネタ箱、いまではあちこちのすし屋さんで見かけますけど、これは……。

二郎　自分で考えました。あったら便利だろうと……。そういうのいくらでもあります。煮つめと煮切りを入れてある器を、営業が終わったあと、囲う金網の窓つきの箱を考えました。好きなんですね、そういうの。京橋にいた時代から、休憩時間でも、のこぎり、かなづち、かんなをいつも持っては何かしていましたから。ネタ箱だって、現在のは改良型です。四隅が掃除しにくいので、その隅に三角の木を埋めてもらってあります。

これだと掃除がしやすいし、汚れが残ることがない。毎日洗って流してしまえば、匂いは残らないんです。そのうちと思っていると、残っているところが翌日腐ってくる。店のお勝手にあるテレビ、ゆうに十年は経ってます。すし屋は酢と塩を毎日使うので、ふつう三年と持たないそうです。すぐにさびてくるんですね。とにかく、きれいにしすぎるということはないんです。

それでシャリ鉢ですが、だいたい一年で替えなさいって言ってます。あれひとつ五十万も百万もするんだったらそうはいかないでしょうけど、あんなものタカが知れてるでしょ。食べものが入っているんだから、人が見たとき、きれいだなあというふうにならないといけない。

山本　おしぼりもそうです。「次郎」のおしぼりの清潔感に溢れていること。汚れもなければ匂いもまったくない。それでいて、手で持てないくらい熱々です、いつも。あれ、中の若い人が手で絞っているんですよね。

二郎　はい。わたし、ぬるいおしぼり大ッ嫌いなんです。ですから、熱湯のおしぼりを、一瞬にしてギュッと絞ってお出しする。

山本　ゆっくりやってては火傷《やけど》する熱さですよ。おしぼりを開いてもなお、手に持ってられないくらい熱いんですから。でも、「次郎」さんの清潔感はこういうところにもあらわれているんですね。

二郎　ですから、客がそのおしぼりで鼻でもかもうものなら、客の前でうちの者に言います。「それ捨てちゃってくれ」って。

山本　それから、いま身につけてらっしゃるこの仕事着の白衣も、おろしたてを着てらっしゃるときもそうでないときも、仕事をしおわったとき見ると、仕事前とまったくその状態が変わらない。これが「次郎」さんの凄いところです。

この間、ロビュションさんと「次郎」さんが、この店で対談されました。ロビュションさんが、おすしを召し上がったあと対談して、このときロビュションさんが言いましたものね。これだけシミひとつない白衣を着ていたのは、「次郎」さん以外では、アラン・シャペルとジラルデしか見たことがないと。

シャペルという料理人は、グランシェフであるにもかかわらず、最後まで調理台の前に立って料理をしていた人で、ソースなど飛びちってシミをつけてもおかしくないのに、ロビュションさんはシャペルの白衣にシミがついたのを見たことがなかったと。

スイスのローザンヌ近郊、クリシエにあるジラルデのレストランへ初めて出かけ、厨房に足を踏み入れたとき、床がピカピカで、ゴミ箱にもほとんどゴミクズが入ってなかったそうです。だから、もう床に素材が落ちていたとしても、拾って食べてしまえるくらいに清潔だったと、そう言ってます。

二郎　じつは、うちでは昼休み、カウンターの中、すのこが敷いてありますが、そこに新聞紙敷いて若い者が昼寝してます。すのこの下はいつも水流してるとこです。

山本　これだけ清潔なら匂いもないから虫も出ない。

そこで、白衣に戻りますが、つまり手際がきれいで、仕事が丁寧だから、白衣が汚れず清潔を保てると……。

二郎　シミがついたら替えますけど、わたしらすぐに。でも、滅多につきません。それでもだいたい三日で替えます。食べてるお方だって嫌だろうと思うんですよ。食べものを口の中に入れるのに、すしをにぎってる相手が汚れている前掛けをしていては。

山本　「次郎」さんは、常々それをおっしゃる。お客様が直接口へ入れるものを作っているのだからと……。

二郎　そうです。一年中、外出のとき必ず手袋するというのもそうです。お客様の直接口へ入るものを自分の手でやるということは、箸と同じなんですから、きれいすぎるということはないと思うんです。手をきれいに保つ最善の方法と思ってやってます。

それから手の指先が硬いと、シャリの感覚が鈍くてわからないんです。手袋はめてますと、硬いものは当たらないし、手先はいつも柔らかくしています。

山本　指先の感覚というのが、とても大切なわけですね。

二郎　指先がなんてったって一番大切。この前、ある病院の副院長さんで、脳外科のお医者さまがみえて、いろんな話をしたときに、脳外科の先生も、今は全部機械でやるからわかるんですけど、昔は手で触って、いいか悪いか診た。その時に、三本の指の先っちょだけでよいという話をされて。

山本　中指と薬指と小指ですか。

二郎　はい。これだけの感覚で昔の脳外科の先生は、悪いところ、ここから取らなきゃいけないとか、ここは手術するとかっていうことをやったそうです。

わたしらも今現在、シャリ鉢の中へ手をつっこむ時には、だいたい三本の指先で、あっ今日のシャリちょっと硬いなとか、ちょっと柔らかめだなっていうことをみます。だから、にぎる一番最初に大事なのは、三本の指の先っちょ、わたしはそう思ってやってます。たまたまその副院長と話した時、話が一緒になりまして、ああ、そうかというふうに。

山本　そういうことというのは、自分のお師匠さん、自分が修業したところの先輩の職人さんから教わるものなんですか、それとも自分でやるうちに……。

二郎　自分ですね、これは。自分の感覚です。うちのお師匠さん、亡くなりました「与志乃」のおやじさん、にぎりかたは速くてきれいでしたけど、あの人は飲んべえでね、あまり教えてくれませんでした。

山本　そのにぎりで、最近手に米粒がつくようになって、自分も腕が落ちたもんだと白状されました。

二郎　あれ、もう五、六年前ですね。

山本　それがとにかくみっともないから、なんとかしなきゃ、と。

二郎　あれは手の水分が減ってくるからなんです、歳取ってくると。すると、どうしてもつきやすくなるんです。にぎってて手の甲に一粒ついたりするの、一番あれ職人としては恥ずかしいんです。すし屋の職人がにぎってて、シャリが手の甲につくなんてのはダメなんですよ。だから水分が切れちゃいけないんです。だけど歳取ると、どうしても切れるんです。なんとかしなきゃいけないけど、水たくさん飲んで水分補給すればいいってものじゃない。

山本　そのためにはどんな対策を。

二郎　いまわたし、店の開けはなの一人前、どんなものでもにぎるんです。店は十一時半に開けますでしょ、でも予約を入れてきて、わたしがにぎるすしが食べたいというお客様は、だいたい十二時からなんです。おなじみさんはね。そういうお客さまは、〝おまかせ〟でつけ台に並ばれますけど、この頃は、開けはなの十一時半に一人前というお客様がいらっしゃる。以前でしたら、職人がいるんですからね、わたしがにぎる必要ないんですが、手をなじますために、その一人前、わたしがにぎってます。

山本　十二時の予約のお客様のために、ベストコンディションへもってゆくため、一人前のお客様のすしをにぎる。

二郎　一番最初はやります。これでずいぶん違うんです。
山本　そうですか。
二郎　わたしは自分が現役であそこへ立ってる以上は、それをやらんといけないなあと思ってますから。
山本　いきなり来て、一人前のすしでも、「次郎」さんのにぎったすしが食べられたお客様は幸せですね。

そういったこと、七十八歳になってもやろう、とにかく常に最上の仕事を目指してやろうというのが、これ職人仕事っていうものだと思います。いつでもとにかく、いいものが出来るんだったら、なんでもいいからそれに向かって何とかしようという。いくつになっても、まだ何か出来る、という精神ですね。

3　正月に三日も休むと

そうした職人としての精進を重ねることを日々怠らなかった小野二郎が、一度だけ倒れた。平成七年（一九九五年）、七十歳のときだった。その原因がたばこ。河岸で仕入れを済ませ、食事して、いつものようにそこでたばこを一本すってから、自転車に魚をつんで店へ戻った。店へ着いて、若い者に魚を自転車からおろさせている間、店先でたばこをすうと、心臓が痛み出した。水を飲んでもトイレへ行っても痛みはとれない。そのうちに立っていられなくなった。

店の者が気がついて、すぐに救急車を呼んだ。駆けつけた救急隊員が、

「あっ、ダメだな、心筋梗塞だ」

と言う声が聞こえた。

それを聞いて「次郎」さんは「心筋梗塞」じゃない、と思ったという。それまで読んでいた本に、倒れても人の声が聞きとれるようであれば「心筋梗塞」じゃない、と書いてあったのを覚えていたのだという。

病院に運ばれ、しばらくするうちに心臓の痛みが嘘のようにとれていった。医者から「たばこはやめて下さい。でも、それで太ったら困ります」と言われ、それ以来、たばこを一本も口にしていない。

山本　指先をなにより大切にしている「次郎」さんがたばこをすっていたのは意外でした。たばこの匂いが指につくのが気になると思うので……。

二郎　すっても一服、二服で終わりなんです。指先が黄色くなるまですうわけじゃない。

山本　たばこはいつからすうようになったんですか。

二郎　十九歳のとき、兵隊に入る前です。で入隊したら、たばこの配給があって、やめればやめられたんですが、他人にやるのはもったいないと……。

山本　ずい分しみったれですね。

二郎　そう。でも、すいたくてすってたってわけじゃないんですね。すし屋になってからもすってましたが、風邪をひいたら一本もすわない、客の前で咳《せき》するのいやですから……これ意地ッ張りなんですね。

でも、身体が頑丈で、なかなか風邪ひかない（笑）。朝熱出てても働いていれば昼には治っちゃう。ですから、風邪ひいて店休むなんてのはとんでもない。熱が三十九度あってもまだ大丈夫、休んだらみっともないです。

ここで店をはじめたときなんか、子供たちが起きる前に家を出て、子供たちが寝入ってから帰ってくる。家内とも二日三日、わたしが家へ帰っているのに顔合わせないときもありました。

で、休みの日になれば、朝から山登りにいっちゃう。ですから、正月休みでたまに家でゆっくり寝ていると、子供が、

「お母さん、どっかのおじさんが寝てるよ」

って、

「あれ、どこのおじさん」

って、母親に聞いたっていうんです。

その正月休みになって、

「あと三日か」

って、指折りかぞえて思うんですね。

山本　ええ、休みがあと三日しかない。

二郎　いいえ、あと三日もある。早く仕事したくて、じっとしてられないんです。

山本　そうだったんですか。

二郎　そうだったって、これ今年の正月の話ですよ。長いこと休んでいると、手も乾いてきちゃうんです。それが嫌で嫌で……早く仕事がしたいと。

山本　参りました。恐れ入りました。

二郎　とにかくタフでしたもの。昼休みでも、わたしがいると、皆、ひと休みしたいと思っても出来ないんですね。それで昔は、よくパチンコ屋へ行って四時まで時間をつぶして帰ってくるんです。いまは、それが散歩。

山本　「次郎」では、夏になると「例年の通り　七月と八月の毎土曜日は休業させていただきます」という貼り紙が出ます。これはいつ頃から……。

二郎　店はじめてしばらくしてからですね。はじめの一年くらいは無休でした。でも、ここは銀座といってもビルでしょ、土、日は人がいないんです。それで、土曜はいままでも昼までの営業です。

山本　夏、週に二日休めるとどうですか。

二郎　楽（笑）。さすがに昔のようにはいかない。

山本　でも、それを知らないお客さんが、夏休みには出かけようと全国からやってくるでしょうね。
二郎　もうそんなに仕事させないで下さい。
山本　その土曜の夜を使って、以前よく一緒に食べ歩きましたね。
二郎　わたし食べるの大好きですから。すし以外なら、なんでも楽しめます。
山本　「次郎」へ初めていらっしゃるお客様がふえだして、「次郎」さんがそれを気にかけられて、自分もいろいろ出かけてみたいと。
　でも、この歳なので、ハズレは勘弁、ここぞという店へ連れてって下さいと。
二郎　ずるいんです。でも、山本さんが選んだ店は飛び切りなはずですから……。それで、てんぷらの「みかわ」、そばの「竹やぶ」、うなぎの「野田岩」、それに「ロブション」などを教えていただいたんですよね。
　一芸に秀でるというか、どの方も尊敬に値する人ばかりで、美味しいものを楽しみながら、いつも勉強させていただいています。
山本　恵比寿の「タイユバン・ロブション」へ初めてご案内したとき、「美味しい、とても美味しい」と相好を崩されながらも、すぐに「こんなに手間のかかった料理、いったい調理場に何人いるんでしょうかね」と言われたのを覚えています。やはり、すぐ中のことが気になりますか。

二郎　あれだけ手間がかかった料理をいただいたなら、料理のプロなら誰もが考えるんじゃないですか。ことに、わたしらの仕事って単純ですから、ロブションさんのような細かく手をかける料理はやりたくても出来ないわけで、憧れます。

しかも、手間をかけながら素材の味がしっかりしているし、重くなくって後味がいいでしょ、さすがだと思いました。

山本　気に入られたあとは、季節が変わるごとに出かけられてましたよね。

二郎　美味しいから全部食べたくなっちゃうんですね。季節が変わると新しい料理が出てくる。これもわたしらの仕事にはないことですし、わたしが言うのもなんですが、新しい料理なのに完成度がどれもすごく高いの。

山本　ロビュションさんはロビュションさんで、いつも言ってますよ。「次郎」さんのすしはシンプルに徹していながら、洗練を極めているから、素材の組み合わせはどれも

恐ろしい方ですね、
ロブションさんという方は……。

単純なのに奥が深いって。

自分には飛行機に乗ってでも食べに出かけたい店が世界中に二軒あって、ひとつはスペインの「エル・ブリ」、もうひとつは「次郎」ですって。その「次郎」のカウンター席に座ると「ここが天国にいちばん近い場所」っていつも思うんだそうです。

二郎　このあいだも、そうおっしゃって帰られました。ありがたいことです。ああいうプロフェッショナルな方に認められるのが、わたし、いちばん嬉しい。

山本　六本木ヒルズに新しく出来たロビュションさんの店「ラトリエ・ドゥ・ジョエル・ロブション」へも、早速ご一緒しました。

二郎　カウンター席だけの店で、目の前で調理したのをすぐに出してくれる。いいですね。楽しいです。座ったとたん、カウンターの幅がうちと似ているんですよ。前にうちの店へいらしたとき、スタッフの方にメジャーでうちのカウンターの幅を計らせていらっしゃいましたけど、本当にうちを参考にして下さったんですね。

山本　そう言ってました。広すぎてはサービスが上手く出来ないし、コミュニケーションも取りづらい。「次郎」のカウンターの幅が理想的なんですって。

二郎　でも、目の前で料理するのって大変だと思います。わたしらは当たり前ですが、フランス料理の方は馴れてらっしゃらないと思うので……。でも、調理場は本当にきれい、見ていて気持がいいです。

山本　それでもまだ、ロビュションさんは気に入ってないようです。オーダーの入った料理を調理するとき、調理台の上に必要のないものがありすぎると。いま調理するのに必要なものだけ出して、あとはそのつど片付けなきゃいけないって。完璧主義者はどこまでいっても、これでいいってことがない。

二郎　それ、わたしが最初に入った店のおやじさんも言ってました。一回一回片付けてから仕事したほうが、仕事がはかどるんだと。

　ですから、わたしも俎板《まないた》の上に余計なものが乗っかっているのが嫌なんですね。ロブションさんの言うこと、よく分かります。

4　河岸の仕入れは前の晩から

山本　だいぶ脱線しました。話を店に戻すことにして、職人さんたちは、朝何時頃出てくるんですか。

二郎　前は髙島屋（の支店）の分まで仕込みをやってましたから七時出勤でしたが、いまは八時です。

山本　「次郎」さんは……。

二郎　わたしは十時過ぎ頃店に出てきますけれども……。

山本　店に出て最初の仕事というのは。

二郎　まず品物を見て、それからうちの若い人たちが仕込み終わったもの、それを必ず全部食べてみます。

山本　全部召し上がるんですか。

二郎　食べます。白身からまぐろから、出来がいいか悪いか、要するに皆少しずつですが全部食べます。赤身も中とろも大とろも、やはり自分で食べてみないと、お客様に今日はいいですよとか、脂が乗ってますよとか、今日たいしたことないですよとかっていうのが言えなくなります。そう言ってても、たいしたことないやつを食べるってお客様いるんです（笑）。

山本　今はもう河岸へは。

二郎　今は息子。七十八歳になって河岸に行ったら、あいつバカじゃないかって言われます。息子は四十過ぎてて、家でゴロゴロ寝てて、わたしが朝五時半に起きて河岸行ってたら、あいつちょっとおかしいんじゃないかって言われますから、わたしは十時過ぎに家から直接店に出るだけです。

山本　となると、魚の仕入れは、今はもうすっかり禎一さんにおまかせですか。

二郎　前の晩に、お客様が帰られたあと、仕入れの打ち合わせをします。店の若い連中も一緒にね。明日、どなたがおいでになるのか、それでどうしようかっていう、指示はわたしが出します。

山本　つまりは、河岸の仕入れは朝からはじまるのではなく、実際はその前の晩から行われている。

二郎　そうですね。

そこで、河岸の仕入れについて、禎一さんに登場願った。

山本　仕入れ担当の禎一さんとしては、責任重大ですね。思い通りに運べばいいでしょうが、相手は魚介、そうばっかりはいかないでしょうから……。むずかしい魚といったらどんなものがありますか。

禎一　まぐろは今でもむずかしいですよ。いいものが本当に少なくなっちゃいました。あと、あわび、かつを、うに、といったところでしょうか。満足のいくやつが手に入らないときは、「あちゃあ、どうしよう……」、いいものが入ったときは「よっしゃあ」って、おやじの顔ばかり浮かぶんです。

山本　お客さんの顔は出てこない。

禎一　ええ、申し訳ありませんが、浮かびません。おやじさんの喜ぶ顔が見たいために仕入れしてるようなもんですよ(笑)。

ロブションさんの店のスタッフの人たちが、お客さんのために料理を作っているのじゃなくて、ロブションさんに気に入ってもらいたいがために、一生懸命仕事をする。あれと同じです。

山本　パリの店で営業中に厨房を見学させてもらったときのことでした。出来上がった料理をロビュションさんの前へ差し出すときの料理人たちの真剣な表情ったらなかったです。それ見ていて、ああ料理人の人たちはお客様のことなど頭に入れて料理なんか作っていない、ひたすらロビュションさんに気に入られたいと懸命に仕事していると。だから、わたしたちお客は、そのおこぼれを頂戴しているだけだと(笑)。

禎一　うちはそこまでじゃないですけど、少なくとも河岸で仕入れをしているときは、おやじの顔しか出てこないんです。河岸の人もいつもおやじを気にしてますから……。

山本　ロビュションさんの話が出たからお尋ねするわけじゃないんですが、お客様が〝おまかせ〟でお願いすると、いつも無言のチームワークっていうんでしょうか、「次郎」さんがすしをにぎりやすいように、じつにタイミングよく次の魚が用意されますよね。

こちらから見ていると、奥からあじが開かれた状態で出てくる。それを「次郎」さんがにぎっている横で、手が空いていれば禎一さんが、もし禎一さんもにぎっていれば、その隣りに控えている高橋くんが、半身にして皮を引いて、さらに庖丁を入れ、「次郎」さんの前へ置く。

「次郎」さんがそのあじをにぎりはじめると、そのあと絶妙のタイミングで茹で上がってきた車えびが奥から出てきて、その殻を手早くむいていく、といった具合で……。「次郎」さんが、いつでもリズムよくにぎれるように流れていく。

これって、〝おまかせ〟の献立があらかじめ決められているのですか。そうとでも考えなければ、信じられないほどのスムーズな進行ですよね。

禎一　朝、魚のチェックを受けますでしょ、おやじさんに。その時点で、だいたい今日の〝おまかせ〟の流れは読めますね。でも、時々、久しぶりに入った魚があったりすると、これどこに挟むんだろうかって、にぎっている最中に確認することもあります。おやじは気まぐれってのは絶対ないですが、横にいて結構気ィ遣います。

禎一さんは他人様《ひとさま》には「うちのおやじは……」と言っていても、気持はいまでも師匠だと言う。職人のお手本が毎日目の前で仕事をしていると考えれば、こんなにありがたいこともないと言う。

5 居酒屋じゃありません

再び、「次郎」さんのお話。

山本　仕入れのときに禎一さんが考えるのは、いつも、おやじさんがこの魚を気に入ってくれるかどうかだけなんですって。お客様のことなどつゆも考えたこともないって言ってます。ロビュションさんのお店のスタッフの人たちと同じですって。

二郎　それがひいては、お客様がいちばん美味いものを食べられるということになるんですよね。条件としては、要するにこっちが気に入らないものは使わない、こんなものダメじゃないか、買って来たって使えないよって。かつをじゃないけど、気に入らなければ裏で、お前たちこれ食っちゃえと言うんです。これを毎日毎日、かつをがダメだからって食うのも大変なんですよ。美味くないから。だけれども、それを食わせちゃう。すると、どこがダメかっていうのが自分たちで味わってればわかりますから、それをやるんですね。

山本　これならなんとか使えるかなって思うことはないんでしょうか、絶対妥協しないんですか。

二郎　妥協しません。美味くないのは、どうやったって美味くないですよ。いいですよ、まけてお客様に出すんなら。けど、わたしまけるっていうことは嫌いですから、まけませんから。お代は十分にいただきますから、それにはそれだけの値打ちのある品物を出さなきゃいけないということですね。

山本　それで魚をチェックされて、はじくものと出すものが決まりますね。それで、たとえばわたしなんかうかがうと、いつも〝おまかせ〟ですけれども、何を出すっていうのを皆さんに前もって伝えておかれるんですか。今日は誰それさんが来るからこれとこれとこれという順番で、とか。

二郎　これとこれはダメだから、あとはこの順番でいこうというぐらいのことはやります。これは美味くないからやめましょうと。まぐろなんかでも、ちょっと若いと筋があって、食べるとその筋が口に残るんです。だから、これはまだ寝かせておいて、筋のないとこ使おうかとか、そういうことはやりますけど。

山本　フランス料理店で、黒服の人がオーダーをとるような、ああいう伝票が調理場に貼られるわけじゃないんですか。

二郎　それはやりません。

山本　じつは、すし屋というのは、普通みんな最初、魚を切ってもらい、その刺身をつまみながら、ビールや酒を飲む。魚が乾いていくのも知らずに、おしゃべりして酒を飲む。すしなんか、最後に小腹を満たすためにいくつかにぎってもらえばいいと。高級なすし屋へ行けば行くほどそうなんですね。お客さんもそうしなければいけないものだと思ってらっしゃる方がいまだに多いと思うんです。でも、「次郎」さんのお店では、客が全員、昼も夜も、ただひたすらにぎりを楽しむって時がありますよね。

二郎　うちは純粋のすし屋ですからね。居酒屋じゃないですから。

山本　あくまで、おすしを食べていただきたい。

二郎　はい。ですから、そのために、すし種を揃えているんです。つまみ用にネタを揃えてるのはひとつもないんです。ですけど、夜なんか、どうしても少しはお酒を飲みたいってお客様多いんですね、いまでも。飲むために少し切ってって言われれば切りますけど、うちの魚はにぎりで召し上がったほうが美味いようにしてありますから……。

別に無理して酒飲んでつまみとらなくてもいいんです。すぐおすしって言って下さる方のほうがわたしは嬉しいです。

山本　先日、昼に出かけた仲間が言ったんですね。午後の一時に最高のおすしをいただいて、一日中気分がよかったと。でも、食べている時間、カウンターについている時間はせいぜい一時間、なんだかとてももったいない気もして、今度はぜひ夜出かけたいと。

それでこのあいだ出かけましたよね。そのとき、ちょっとだけお酒も飲みたいからと言うんで、わたしなんか珍らしく「次郎」でビールとお酒をいただきました。前もってお伝えしてあったので、空豆とあわびの肝を煮ておいて下さいました。それをいただいてから、〝おまかせ〟で食べました。

そしたら、後で皆が口を揃えて言うんです。やっぱり、昼に出かけて、おすしに集中したほうが、「次郎」のすしの偉大さがわかるって。気が散ってしまった分だけ、もったいなかったと。「次郎」は高いからというので、出来れば一時間じゃ店を後にしたくはないと。飲食店で一時間もかからず二万円以上とる店って、「次郎」以外にないんじゃないですか（笑）。でも、それだけの値打ちがある。ですから、お酒やつまみに気を遣わなくてもいいんですよね、お客は。

二郎　いらないです。なくてもいいんです。うちはすし屋ですから、すしだけあれば。

山本　でも、なかなかそうはいかない。すし屋でもお酒を売りたい店がいくらでもある。

二郎　つまみは、できてるのをポンと置くだけですから。すしっていうのは、一個ずつ全部にぎらなきゃいけない。ですから、つまみをやった方が楽ですし、金儲けにもなりますから、皆それやるんです。今どこでもやってますでしょ。

昨日来たお客さんなんかでも、ビール飲みながら、すしをつまみにして食べたいと。ビールを飲んでるから、すしはゆっくりにぎれっていうことなんですね。うちはすし屋ですって言ったら、怒って帰っちゃったんですけどね（笑）。散々大きな啖呵を切って帰ったんですけど、にぎって出してもすぐに食べてくれない。だから、東京のすしはそういうのでは美味くないから、すしだったらすしだけをリズムに乗って食べて下さいって。

山本　東京のお客さんじゃないんですか。

二郎　その方は関西の人でした。で、こっちがどんどんどんどん追い打ちをかけてるわけじゃないんですよ。あるところまで見てるんですけどね、いつまでたっても、置いとくばかりで食べないんです。こっちはまあいいやと思って、三つ四つ並べちゃうんです。

山本　わたしは「次郎」さんが、お客様をよく観察してるなって思うことがあるんです。お客様がにぎった最初のひとつを食べる様は、絶対見逃さないですよね。「次郎」さんは、にぎったすしをつけ台のつけ板というか黒板《くろいた》に置かれるとき、真っすぐに置かずに、客が手でつまみやすいように、ちょっと角度をつけて置かれます。あれはとてもつまみやすい。

二郎　はい、はい。

山本　あれは意識して置かれているんですよね。

二郎 はい。
山本 その最初の一個を左利きで召し上がるお客様だったら、すかさず二個目からは……。
二郎 左に向けます。
山本 そう置かれてますよね。
二郎 はい、必ずそれはやります。
山本 ですから、きちんと召し上がる方なのか、どういうタイミングでどっちの方の手ですしをつまむ方なのか、さらに、手でつまむのか箸で召し上がるのかもはかってらっしゃいますよね。
二郎 はい、全部やります。手でつまむ方と箸を使われる方ではにぎりのかたさをわずかに変えます。箸の方のほうはちょっとですが堅めににぎります。それをやるのが、こちらの仕事です。商売ですからなんでもやりますが、ただ食べないのは困ります。ビール飲んで喋るだけなんですから……。
山本 せっかくいい魚を仕入れて、丁寧に仕込みをすませ、万全の態勢でお客様を迎えようとしているのに、それをぶち壊されるのは職人としてたまらないでしょう。
二郎　だからこういう方は、うちなんかでは来てほしくないお客さんで、値段は必然的に高くなります（笑）。限られた席数で長居するんですから、これはしょうがないんです。断る方法というのがないんですから。あんたはゆっくりだからもう来てくれるなとは言えない。これはもうほかにやりようがないんです。
この間もふたりでやってきて、六時半から八時半までいました。うちは八時半閉店ですから、「八時半で閉店です」って言ったら、ああそうかいって、その間にすし四個食べただけなんですよ。あとは酒とビールだけなんですから。席が回転しないのは、うちとしてはとても困るんです。
山本　困ったものですが、なんとももったいない話ですね。自分のペースで居続けたい客は、他のすし屋へ行けばいいわけです。すしを食べたい客だけで、いつも埋まるのが客から見ても理想ですもの。カウンター席は「次郎」さんのすしを食べる予約客、お酒を飲みたいかたはテーブル席へどうぞってなったら面白いですけど……。
二郎　でも、お客様って変なのね。すしを食べなくてもカウンターに座りたい。目の前でこれ切ってくれって言いたいんですね、不思議なものです。それもわからないではないんですよ。

山本 〝おまかせ〟の話に戻しますが、〝おまかせ〟はにぎるすし種の順序が決まっているため、つけ台の中ではじつに仕事が整然と進行します。「次郎」さんがにぎっている姿を見ていても、ストレスがないように感じられます。それどころか、気に入った魚がいくつもある場合など、なんとも嬉しそうです、こちらから見ていて……。

ほかのすし屋では、つけ台の中は言葉が忙しく飛び交います。「赤身持ってこい」とか「穴子はまだか」とか、そんな声が聞こえてきます。「次郎」では、一切そういう声が聞こえない。これは凄いことだと思うんですね。その中で、白身とまぐろは「次郎」さん自身が、にぎる寸前に魚を切りつけますが、それは切ったらすぐににぎって食べるのが美味しいという信念を持たれている。

二郎 そういうことです。もうそれが最高だと思っていますから。あわび、たこなんかもにぎる寸前に切らないと意味がありません。

山本 あわびもたこも切るときは、庖丁を波状に入れていきますよね。あれは……。

二郎　少しでもにぎりやすいようにということでやってます。
山本　ところで、「次郎」さんの店には、カウンターにガラスケースがありません。
二郎　ないんです。ネタ箱に魚を並べ、その都度その都度奥から出してきます。たとえば、こはだとか赤貝というのは、冷蔵庫から出して、そのますぐににぎって食べても、冷たくて美味しくないんです。少し温度を上げるため、使う量をみはからって出しておくんです。生のあじなんかは結構冷たいほうですね。
それでシャリは人肌の温度です。冷たいあじをにぎると、すし種とシャリの温度差があって、そこを召し上がっていただきたいのに、しばらく置かれると、シャリは冷めていき、あじは温度が上がってしまい、せっかくの温度差の意味がなくなってしまいます。ですから、すぐに召し上がっていただきたいんですね。にぎりずしはにぎったあとは、味が落ちてゆくだけで美味しくなるということはありません。
山本　にぎられたすしをすぐにつままずに、ひと呼吸置いてから手を出される方がいる、女の方に多いですね。
二郎　あれなんなんでしょうね。すぐに手を出すのが意地きたない、とても考えてのことなんでしょうか。山本さんはのり巻なんてとても手が早い。わたしの手とぶつかることがあるくらい（笑）。でも、のりは一瞬にして湿気《しっけ》てゆきますから、少しでも早いほうがいいですものね。

山本　となると、ネタ箱に並べてある魚の状態もいつも気になるということですか。

二郎　もちろんです。必要ないときはすぐに奥にしまってしまう。テレビの撮影なんかで、強いライトに照らされているときなんか、気が気じゃありません。

山本　そのネタ箱に並んでいるもので、ひかりものなんかは見本で決して使いませんといつもおっしゃっていますよね。

二郎　使うわけじゃなく、この魚が今日ありますと。それで捨てるわけじゃありません。お勝手であじフライにしたり、いわしを煮つけたり、残りはみんなうちのごはんのおかずです。

山本　いろいろとお話を伺っていくと、ひとつのにぎりが目の前に出てくるのにも、じつは前の晩から、いやもっと前から準備されたものであることがよく分かりました。

美味しいにぎりずしが生まれるには、まず掃除からということも理解できました。掃除からはじまって、細かな仕事の積み重ね、その集積の果てににぎりが出てくるのに、すしってただ単純に酢めしと新鮮な魚を合わせているだけのように、人はつい思いがちなんですね。でも、シンプルなにぎりの中に、どれほどの準備がなされ、態勢が敷かれているかを知ると、「次郎」さんのすしの味わいが違ってくるというものです。

第五章　「すきやばし次郎」の一時間

1　客のお手本

賭け事、勝負事はからっきし弱いくせに、名勝負、名人戦となるとなにより大好きというわたしが、たった一度だけ「すきやばし次郎」で、つけ台をはさんだ名人戦を目《ま》のあたりにしたことがある。『プロフェッショナルの本領』に書いたことと重なるが、いまいちど思い出してみよう。

いまから十数年まえのある日のこと、銀座へ仕事に出かけた折、突然、無性に「次郎」のすしが食べたくなって、いつもの通り電話を入れた。時計が正午をちょうどまわるときだった。

「はい『次郎』です」

店は十一時半からすでにはじまっているのに、珍らしく主人が電話口に出た。

「もしもし、山本です。今日のお昼に、ひとりお願いできませんでしょうか？」

「何時でしょうか？」

「いまから二、三分後なんですが……」

「いまどちらに？」

「上の交差点からかけてます」

「はい、どうぞ」

のれんをくぐると、客はまだちらほらといった具合だったが、わたしにはいつも案内される席とは違い、奥の隅からふたつ目の席が用意されていた。そのうちみるみるつけ台はいっぱいになり、十席あるうち空席は、わたしの隣り、奥から三つ目の一席だけとなった。

その賑《にぎ》やかになった店内へ、老人がひとりでステッキをついて入ってきた。八十歳を過ぎているようなお年寄りで、小さなカバンを袈裟《けさ》がけにかけながら、ネクタイはきちんと締めていた。その風貌からして、「次郎」では見かけたことのない、不思議な客に見えた。

ところが、「次郎」さんはその老人に小さく目礼すると、奥へ手招きした。老人はそれに応えるように「こんにちは」と小さな声で挨拶するなり、まるで指定席のごとくいきなりわたしの隣りの空いている一席へ腰を下ろした。

わたしはいつもの「次郎」さんがにぎる正面あたりの席ではなく隅のほうの席だったが、すしは「次郎」さんのにぎったものがつけ台の黒板にそのつど一個ずつ置かれた。だが、満席の店内だから、いつもの快速のピッチではすしがにぎられて出てこない。

わたしが次に出てくるすしを心待ちにしていると、「次郎」さんがにぎったばかりのすしをそおっと持って、隣りの老人のまえに中とろをふたつ置いた。席についてから何も言わずに黙ったまま座っている老人のまえに、「次郎」さんが自分でにぎったすしを運んで出したのを見て、わたしは、突然、この老人に興味が湧き出した。

老人は腕を上げ、スリークォーターから手をゆっくり伸ばしたかと思うと、黒板に置かれたすしをつまんでから口へ運ぶまでは鮮やかなほど速かった。そして、何もしゃべらない。そのすしの食べかたを横目で見ながら、「次郎」さんの軽いにぎりを食べなれているお客さんであることはすぐに分かったのだが、いったいこのお方はどこのどなただろうかと、ますます興味がふくらんでいった。

次に、ほとんど間をおかずにひらめがふたつ並べられた。これまた驚くべき素早さで口へ運んでしまう。そして、何もしゃべらないどころか、微動だにしない。

続いて、わたしには、こはだがにぎられてきた。負けてはならじと同じような速さで口へ運ぶ。思わず、はしゃぐような声で、遠くにいる「次郎」さんへも届くように、身体を大きく後ろへ反らしながら、「美味しい！」と声をあげてしまった。

今度は隣りの老人にも、こはだが出た。それを素早くつまんで食べるものの、悠然としたままの姿は変わらない。

わたしは、なんだか隣りの老人から激しい風圧を感じはじめた。

〈あなたね、美味しい！　美味しい！　って、そうはしゃぎなさんな。ここのおすしならなんでも美味しいんだよ。黙って食べていたって向こうにはちゃんと通じるんだから〉

まるで、そんな風にでも言っている感じだった。

そして、穴子。それをつまんでから、はじめて「お茶、お願いします」と言って、湯呑を差し出した。

そのあとに、たまご、最後にかんぴょうののり巻を食べたところで、「穴子をもうひとつ」と近づいてきた「次郎」さんにそう言った。そうして、はじめて自ら注文した穴子のにぎりを食べ終えると、「ごちそうさまでした」とひと言残して、さっさと席を立ち、ステッキをつきながら、支払いもせず、「次郎」さんの「ありがとうございました」の声に送られ、風のように去っていった。

余計なことは一切口にせず、「お茶、お願いします」「穴子をもうひとつ」「ごちそうさまでした」の三言のみで、しかも、符丁など使わず、礼儀正しく、にぎられたすしだけを食べて、さっさと席を立つ。時間にして、わずか十五分あまりだっただろうか。まるで、すし屋でのすしの食べかたのお手本のようだった。

わたしは、この老人の客が不思議でたまらなかった。わたしも三十分ほどですしを食べ終わってしまったにもかかわらず、この客の正体を「次郎」さんから聞き出したくて、他の客が引き上げるまで、珍らしく長居をした。

「上野の時計屋さんのご主人だそうで、二十三、四年くらいまえからのお客さんです。はじめは人に連れられてきたんですが、すぐにおひとりでみえられるようになりましたね。

だいたい、いつも開けはながが多くて、のれんが出るまえはじっと店のまえに待ってたりするので、あの方だけはお入れするんです。身体の関係で、いつも食べる数は決まってて、最後に『穴子をもうひとつ』なんて、今日も追加で召し上がりましたけど、これが、こっちの自信のあるものなんですね、いつも。今日は中とろがいちばんと思ってにぎると、最後に『中とろをもうひとつ』ってなる。絶対にはずしたことがないんです。

足が弱くなって、いつか、帰りに階段をついて上がってゆくと、『もう道楽は、これだけになりました』と言うんで、ひょいと見ると、ロールスロイスがとまっている。それからは、店ではロールスロイスのお爺ちゃんということになっちゃった。それに乗って、今日はすし、明日はてんぷらと食べ歩くんだそうですよ。ああいう人を粋な人と言うんでしょうね」

その老人が、しばらく姿を見せないと思っているうち、亡くなられたとの報せを家族から受けたという。

「うちへは、そうたびたびっていうわけじゃありませんでしたけど、わたしには、ありがたいお客様でした。こういう人に対しては、もう損得なしですよ。自分の仕事を見ていてくれると思うから、来て下さればいい仕事をしたいと思いますね。それでなくとも、つい気持が入ります。これ、職人根性じゃないかと思うんですが、ひとりでもそういうお客様がいなくなったと思うと寂しいですね」

以来、わたしのすし屋の客のお手本、理想は、この〝ロールスロイスのお爺ちゃん〟となった。いつかは、食士の飯法とでも言うべき、流儀を持った職人とたがいに敬意を払い合える客になりたいと。

2 イチローの打撃芸術

現在、名勝負、名人戦でわたしを魅きつけてやまないのは、じつは、アメリカ、メジャーリーグのイチロー選手の存在である。

イチローの野球選手として試合に臨む姿勢を見るにつけ、わたしは最上質の職人仕事を思い浮かべてしまう。打撃、守備、走塁のすべてにわたって、その技術を進化させようと日々精進を重ねる姿は、職人そのもので、すでに名人の域に達しているといっても過言ではない。

平成十三年（二〇〇一年）に海を渡り、メジャーリーグ、シアトル・マリナーズの選手となったイチローのその目的は、みずからのバッティングにさらに磨きをかけ、その技術を進化させるためだった。

日本のプロ野球で七年連続首位打者に輝やきながら、そのうちの四年間は半分の力しか出せなかったにもかかわらず獲得してしまったタイトルだった。それに飽きたらないイチローは、もっと高度なレベルで戦うためには、メジャーリーグで野球をする以外にないと考えたのである。

やすやすと打ち返せるボールを打つのではなく、高難度のボールを〝強く遠くへはじき返す〟というのが、イチローの考える打撃の真髄である。それがたとえ、野手の正面を突いてアウトになろうが、満足のゆくバッティングであるというのが、結果より過程が大切というイチローの主張なのである。

バッターはバッターボックスに入って、ピッチャーの投げるボールをバットで打ち返す。毎回、それのくり返し。ただし、ピッチャーは試合ごとに変わるし、塁上のランナーのあるなし、アウトカウントによっても状況は千変万化、くり返し同じということがない。

イチローはピッチャーの投げたボールを打ち損ねたとき、すぐさまその原因をさぐり、反省し、次の打席のために備えるという。

　空振りだとか三振だとかに一喜一憂はしないということが大事です。そこで、打てない、もう駄目だと思ってしまったら、次の打席には立てないですよ。たとえ三打席、四打席駄目であろうと「次」に繋げる打席にしなければ、打ち取られてしまうでしょう。三振しても、打ち取られても、そのピッチャーを打つための「何か」を得られればいいわけで、僕は打席ごとに勝った負けたと騒がないように心がけています。

（小松成美『イチロー・オン・イチロー』新潮社刊）

この小松成美によるイチロー・インタビューの中で、〝失敗は成功の母〟と言って、打撃に開眼したエピソードはすでに有名な話である。

平成十一年四月、開幕間もない試合、ナゴヤドームで行われた対西武三回戦の五打席目で、ボテボテの二塁ゴロと凡打しながら、一塁を駆け抜けるまでに、まるで目の前の霧が晴れるが如く、その原因をつきとめ、もう二度と自分にはスランプがないと確信するにいたったというものである。これをきっかけに、イチローは本気でメジャーに挑むようになる。

昨日も今日も明日も同じことをくり返す中でつかんだ〝ひらめき〟だが、それを打てるはずのボールを打ち損ねた打席から見つけるあたりが天才の天才たるところではなかろうか。

イチローがインタビューでしばしば口にする言葉に〝準備〟というのがある。次の試合に臨むために〝準備〟を怠らないことがなにより大切であるというのだ。

準備をしておけば、試合が終わった時にも後悔がないじゃないですか。たとえば、グラブの手入れを前の日にしなかった。その次のゲームでたまたまよくないプレーをしてしまったら、おそらくそこで後悔が生まれるわけですよ。そういう要素をなくしていきたい。試合に入るまでに、全部。それで試合に臨みたい。そうすれば、どうしてダメだったかという理由もわかりやすいですからね。

要するに〝準備〟というのは、言い訳の材料となり得るものを排除していく、そのために考え得るすべてのことをこなしていく、ということですね。


（石田雄太『イチロー、聖地へ』文藝春秋刊）


毎試合後、ロッカールームでグラブの手入れをするイチローだが、メジャーリーガーのほとんどは人まかせなのだという。

フィールド内でのイチローで、わたしがこよなく好きなシーンが四球で一塁に出塁するときである。このとき、イチローは愛用の黒バットをベンチ目がけて放るようなことをせず、足元にそおっと置いてゆっくりと走り出す。道具をなにより大切にする職人イチローならではの姿ではなかろうか。

いつでもどこでも基本を大切にする、という意味でもイチローは職人仕事の核心が何であるかを知っている。

キャッチボールのイメージといわれたら、「厳しさ」という言葉が一番近いですね。キャッチボールは厳しいものですよ。なんでもそうですけど、基本が一番大事で、キャッチボールは基本中の基本ですから。それをしっかりと自分の身につけるというのはとても大事なことで、簡単なことではありません。しかも、他人には見えないところですから、見えないところほど大事というのは、まさにキャッチボールのことじゃないですか。イニングの合い間も、軽くやっているように見えるかもしれませんが、実はすごく意味があります。普通に投げて普通のボールが行けば問題はないんですけど、普通に投げているつもりが「今日はシンカー系の球が行ってしまうな」とか、そんな時は左肩が早く開いていることを気にしてキャッチボールをやっておかないと、いざボールが飛んできた時に、送球が逸《そ》れてしまうんです。練習中のプレーにはすべて意味があります。

（石田雄太『イチローイズム』集英社刊）

職人がしている仕事にもすべて意味があるのだ。この本の中でインタビュアーの石田雄太が「では、キャッチボールの名人たる条件とは、何なのだろう」と、イチローに問いかけている。

一つは自分の意志を球に込められること、相手の意志をしっかりと感じられること。この場合の意志を込めるというのは、相手の胸のあたり、捕りやすいところに投げるという基本を正確にこなせるということです。常に相手の構えるところ、グラブが出てきそうなところに投げられること。上に行ったり下に来たりというのではダメですね。そういう意識をお互いに持っていれば、いいキャッチボールができます。それと、大事なのは一定のテンポを保てることです。ほら、お寿司を握ってもらったら、お寿司の好きな人はテンポよく食べるでしょう。そういう相手との間合いみたいなものを大事にできる人。それが名人の条件です（笑）。（同前）

以前、ＮＨＫテレビの「大リーグオールスターの見どころ」という番組の中で、イチローはインタビューの最後につけ加えるようにこう言った。

「やってることには、すべて意味がありますから……」

これ以上職人仕事の本質をついた言葉というのはないのではなかろうか。それでもなお、まだ何かすべきことがあると、〃完璧〃を目指して、つまり、打ち損じをゼロにすることに向けて打席に立っている。そうした彼のバッティングを、人は芸術的バッティングと評するが、言い改めるべきである。

頭に思い描き、心に感じたものを、ひとつの美しいフォームにすることが芸術ならば、イチローの職人仕事こそ〃打撃芸術〃と呼ぶべきものである。

3　いまだ極められず

わたしがすしをいただくために「すきやばし次郎」を訪れるのは、いつも決まって午後の一時。通いはじめて、かなり早い段階からこの時間になった。午後一時というのは、昼の忙しい時間が一段落するときで、すし屋ではすしだけを楽しみたいわたしは、夕方以降ははじめから敬遠し、昼のこの時間に食べに出かけるようになった。

そして、必ず何日か前に予約の電話を入れる。いきなり、「次郎」ののれんをくぐることはまずない。前述したように、二、三分前に数寄屋橋の交差点から電話を入れたこともあった。

予約は席の確保が第一ではあるが、食べる意志を前もって伝えておく、という意味でも大切である。

当日、予約した時間の十分前には店へ着くように、いつも心がけている。今まで「次郎」へは一度たりとも、予約の時間に遅れたことはないのではなかろうか。遅れると、席についてからいろいろと不都合が起こることを知っているからである。

ひとりで食べることはまずないので、人数が揃ったところで着席となる。「次郎」さんがにぎる正面の特等席には、わたしがお誘いしたお客様、わたしはいつもその下手側に腰掛ける。

座ってまず運ばれてくるのが、熱々のおしぼりで、それはすぐさま手を拭えないほどに熱い。これを手絞りで持ってくる。見習いの若者に、修業を兼ねて、熱々のおしぼりを素手で絞らせるのだという。瞬時に絞らなければ火傷をしてしまいそうなほどの熱さなのだが、その熱々の、しかも真っ白なおしぼりから「次郎」の清潔感が伝わってくるのは言うまでもない。

そのほかに、醬油をすでに注いだ小皿と小さな手拭き。醬油は小皿にたっぷりと注がれているが、わたしは、この醬油ににぎりをつけて食べたことがない。にぎったすしには、刷毛で煮切りを引いてくるからだ。

そこで、いつだったか、勿体ないことなので、醬油の注がれた小皿は結構ですと、お断わりしたことがあるのだが、それは未だに実行されていない。選ばれたこの醬油に対しても、すし同様に敬意を払いたいと思うわたしは、いつもこの小皿に向かって、心の中でごめんなさいと謝っている。

そのすぐ後に目の前に運ばれてくるのが、お茶である。すし屋であるから、粉茶を少し大きめの茶碗に注いでもってくる。わたしは、このお茶をひと口いただいた瞬間、「ああ、『次郎』へやってきた」ということを実感する。わたしにとってはとても嬉しい一瞬で、「次郎」のすしの前奏曲といってよい。

飲食店では、最近、お茶をおろそかにするところが多いが、これはいわゆる画竜点睛《がりょうてんせい》を欠くというやつだ。だから、お茶に細やかな気遣いを見せる店は、それだけで一流店の証《あか》しと言ってよいかもしれない。

目の前のつけ台（カウンター）に、黒塗りのつけ板がすでに置かれてあり、その隅につけしょうが（ガリ）がつんもりと盛られて、すべて準備完了である。

二十年ほど前から、小野二郎はすでに宝石のようなすしをにぎっていたのだが、いまそのすしを〝おまかせ〟でいただくと、ひとつひとつのすしがあるべき出番のところにしかと収まった上で、持ち味を存分に発揮している。

クラシック音楽のジャンルに協奏曲があるが、カデンツァといって独奏者がその技倆のほどを存分に発揮、披露するパートがある。現在の「次郎」の〝おまかせ〟で、四季に応じた旬のすし種が並ぶ中間部がこれに相当すると考えれば、まるでカデンツァのある三楽章の音楽を聴くようなものなのだ。

すし種としてふさわしい魚の調理をひとつずつ徹底して追求し極めていった果てに出来上がったのが、現在の〝おまかせ〟コースであるが、大きく分けて、夏ヴァージョンと冬ヴァージョンがある。（第三章「『すきやばし次郎』の一年」で、春、初夏、盛夏、秋、冬のオーダーを紹介してある。）

ここで改めて順に上げてゆくと、例えば、初夏は、かれい、あおりいか、しまあじ、づけ、中とろ、大とろ、こはだ、あわび、あじ、えび、とり貝、かつを、赤貝、しゃこ、うに、小柱、いくら、穴子、かんぴょう巻、たまごということになる。

これが冬になると、ひらめ、すみいか、いなだ、づけ、中とろ、大とろ、こはだ、はまぐり、さより、えび、たこ、赤貝、さば、うに、小柱、いくら、みる貝、穴子、かんぴょう巻、たまごという順ににぎられる。

「すきやばし次郎」が仕入れるすし種となる魚介は常時十五種ほどで、どれもが最高品質のものである。料亭や懐石料理屋は五、六種の魚を用意すればこと足りるのだが、すし屋はそうはいかない。したがって、懐石料理よりすしが安いというのは幻想でしかないことになる。

築地で魚を仕入れ、店で仕込みをし、すし種として下拵《したごしら》えや調理をすませてから客の前でにぎるわけだが、「次郎」では生のままにぎるすし種と、酢めしに合うよう調味した、いわゆる仕事のしてあるすし種と、ふたつに分けられる。といっても、生のままに

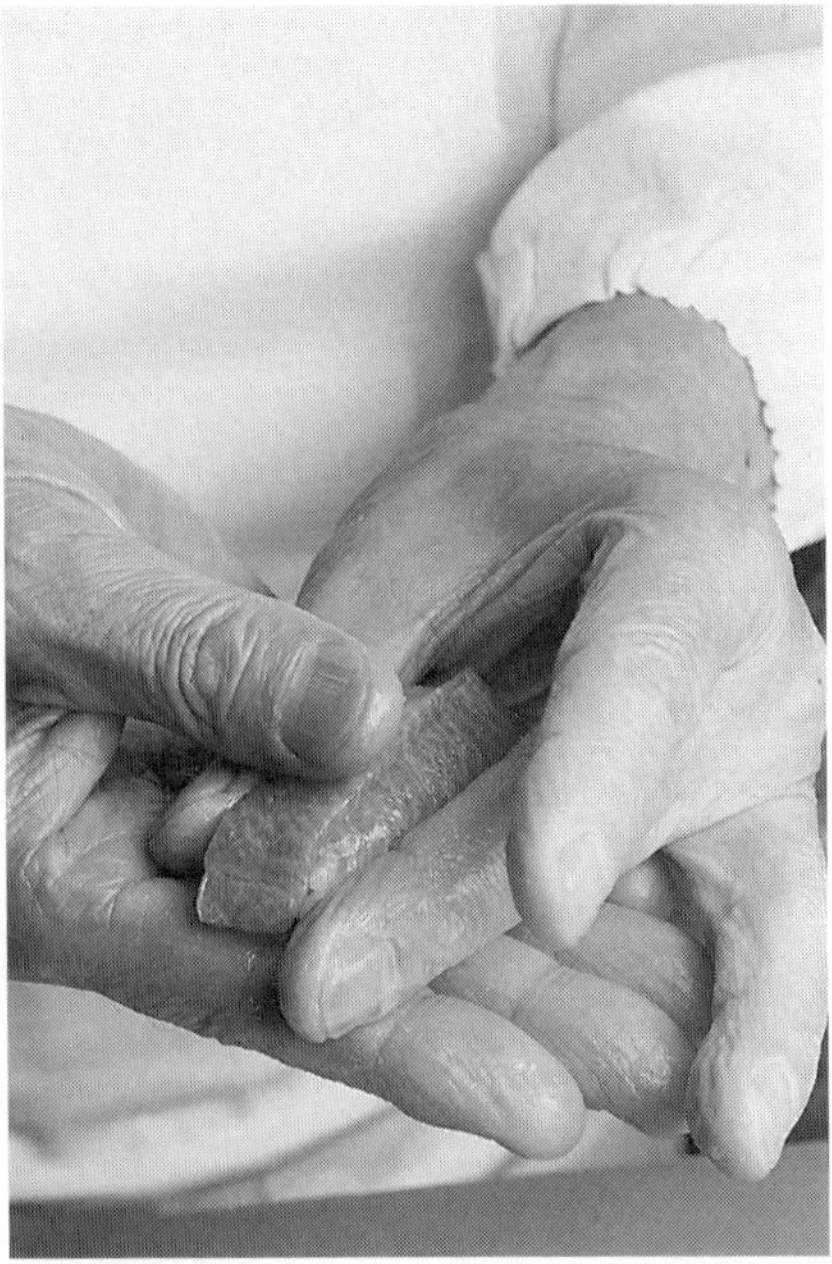

指先がなんてったって一番大切。

ぎるすし種が仕事がほどこされていない、というわけではない。生のままでも最上の状態でにぎられるよう仕込みをすませることも、大切な職人仕事といってよい。

白身やまぐろはにぎる寸前に切り身にし、えびは茹でたてをにぎる。そして、これが肝腎なのだが、白身もまぐろもひかりものも、あわびもえびもたこも、その持ち味が存分に発揮される温度でにぎられるのである。酢めしは常に人肌の温かさを保ちながら、すし種の温度がひとつずつ微妙に変化し、味わいはしだいにクレッシェンドしてゆく。

第一楽章。冒頭の白身、夏ならばかれい、冬ならひらめは繊細な味わいながら、酢めしと白身の温度のコントラストと魚の質の高さで、「次郎」のにぎりずしを印象づけるのに格好の第一主題である。

続いて、いか。夏はあおりでねっとりとした感触、冬はすみでパキパキッとした歯ざわりが心地よく、白身とほぼ同じ温度でにぎられ、軽くふうわりとにぎられた酢めしと、これまた爽やかなコントラストを見せる。

三つめは、いろもの。夏はしまあじ、冬はいなだ(ぶりの幼魚)で、「次郎」では養殖ものを絶対に使わないから、誰もがしまあじの弾むような歯応えに驚くはずである。温度は白身やいかよりほんのわずかに冷たいか。

四つめからは、いよいよまぐろの登場である。まずは小さく柵どりしておいた赤身を醤油に短時間漬け込んでおいたづけ。赤身をそのまま食べるより、ほどよくしみ込んだ煮切り（醤油に酒やみりんを少量加え、煮切ったもの）がなじみ、まぐろ本来の味である酸味と鉄分の味が舌にじんわりと伝わってくる。

五つめは中とろ。脂がのってまぐろの香りも十分、酢めしと渾然一体となった味わいは格別である。

六つめが大とろ。冬ならば蛇腹と呼ばれる大とろがにぎられる。脂が強いというのに、食べ終えたとたんに、その脂が口の中から切れてゆく。まぐろの温度は、白身やいかなどより高く、常温よりは低めといったところで、音楽はここで加速し、どんどんクレッシェンドしてゆく。

まぐろのあとに必ず出てくるのがこはだである。脂ののったとろのあとに、しっかりと酢〆されたこはだが、低い温度でにぎられるものだから、口の中がこれでいっぺんに締まることになる。こはだは思わず唸りたくなるようなうまさだ。づけを別として、まぐろまでは生のままにぎり、ここではじめて調味しておいたすし種を食べたためでもあるが、ここまできて「ああ、美味いすしを食べている」という実感が湧いてくる。ここで第一楽章が終了。

第二楽章は、夏は蒸しあわび、冬は煮はまぐりではじまる。あわびは正しくは煮てあるのだが、江戸前ではこれを通称、蒸しあわびとか塩蒸しと呼んできた。あわび、はまぐりとも仕事のしてあるすし種の代表格で、しかもどちらも「次郎」の自信作である。あわびもはまぐりも常温でにぎられるが、あわびには伝統的な煮つめではなく煮切りがひかれ、はまぐりには煮つめが塗られる。

あわびは口元へ運ぶと、磯のいい香りが漂い、柔らかな弾力のある身が酢めしととてもよくなじんでゆく。わたしが知る限り、世界最高のあわび料理ではなかろうか。はまぐりも同様、柔らかな身からはまぐりならではの香りと味わいが立ち昇り、口の中がいっぺんに海になる感じである。

このあとは、季節により、その日の仕入れ具合により、すし種の種類と順序が変化する。つまり、「すきやばし次郎」のカデンツァ。

あじ、さよりといったひかりものは生でそのままにぎられ、温度がちょっとでも高いと生臭さが出ることがあるので、全すし種中いちばん低い温度で供される。

それにひきかえ、えびは茹で立て、たこもほどよい温かさでにぎられる。それが車えびの甘みを活かしたにぎりとなり、たこの香りがいちだんと高まることを小野二郎が発見したいきさつはすでに述べた通りである。そのえびには煮切りが、たこには粗塩がそっと盛られて供される。

たこに粗塩ではなく、江戸前の伝統そのままに煮つめをたっぷり塗っていたならば、ジョエル・ロビュションが食べた瞬間に「ラングースト（伊勢えび）の味がする！」と言ったかどうか。

初夏のとり貝は通年の赤貝と違い、出廻る季節がとても短い。仕入れた段階ですでに軽く火が通っていて、穏やかな甘みがそよ風と一緒に口の中を駆け抜ける感じである。

このカデンツァで、もしかつをが登場したら、なんと幸運な日だろうと思わなくてはならない。藁でいぶした香りが鼻をくすぐり、赤身としての味わいはまぐろに勝るとも劣らない。わずかに生姜とあさつきをはさんだにぎりは、かつをのほどよい冷たさが口の中にいっそうの心地よさをもたらしてくれる。食べながら、いますぐもうひとつ食べたい衝動にかられるにぎりでもある。

さばはひかりものだけあってしっかりと酢〆されていて、第二楽章の中でも存在感が十分にある。ほどよく脂ののった〆さばは、最も伝統・保守のすし種でありながら、「次郎」のカデンツァでは絶対に欠かすことの出来ない、職人仕事の本領発揮のにぎりといってよい。

冬ならば、さばでこの楽章が締めくくられるのだが、初夏だと、かつをのあとに赤貝が出て、そのあとしゃこで結びとなることが多い。「次郎」のしゃこは、茹でっぱなしではなく、出汁《だし》に漬け込んであるものだから、子持ちのしゃこの美味さといったらない。わずかに冷たいしゃこの味わいの余韻がほどよく後を引いて、静かに第二楽章が終わってゆく。

こうしてカデンツァのある第二楽章は、生のものと調味されたものが交互に、たがいの持ち味を引き立てあうように並ぶ。しかも、酢めしの温度はここへきても人肌のままで、上のすし種の温度のみが上昇したり下降したりするのだ。

第一楽章のすし種は、揃えることは並大抵なことではないものの築地で仕入れることが可能なもの。だが、第二楽章のすし種はどれも「次郎」ならではの仕事のしてあるすし種が、生でにぎられる質の高いひかりものなどと一緒に、自由に楽しくカデンツァを奏でるのである。

いよいよ終楽章は、うに、小柱、いくらの軍艦巻三連符。ほどよい冷たさのうには、これでもかというくらいに山盛りに盛られ、ひと口で食べるのに苦労するほどだが、味わいはクリーミーで、口の中へ頬ばると、うにはあっという間に酢めしのあいだに溶けてゆく。そして、その後味のよさ。

小柱は大粒で、キュッキュッと歯に当たりながら、ほのかに潮の香りを漂わせてゆく。いくらは醬油漬けにしてあるもので、小野二郎が執念の末に、ついに通年のすし種としたものである。

そうして、このあとに穴子の出番となる。

口の中であっという間に溶けてしまうこのにぎりを食べると、「どうしてこんなに溶けてしまうくらいに煮ることが出来るのですか」と尋ねる客がいるらしい。じつは、そうした煮方より、さらにむずかしいのがにぎりなのである。穴子をにぎる小野二郎の手を見ていると、にぎるというよりさわっているといった感じである。穴子は常温で、「次郎」では決してあぶったりしない。

穴子のあとのかんぴょう巻は、すべてのにぎりのフィナーレをかざるすしと言ってもよいだろう。なにより、酢めしの美味さを再確認できるからだ。のりの香りもかんぴょうの味もじつに捨てがたいが、このり巻をつまみながら、わたしはいつも「次郎」の酢めしの偉大さに感動する。どんなにすし種が見事なもの、贅沢なものであろうが、それを凌駕するほどの力量を持っているのが、「次郎」の酢めしなのである。この酢めしあっての「次郎」のにぎりずしといっても過言ではあるまい。

そうして、デザートとして打ってつけのたまご。たまごの香りに、えびのすり身の上品な甘みと大和芋のつなぎが見事に調和したすし屋のたまごの傑作。これにて、「次郎」の〝おまかせ〟は終了。四、五人でつけ台に並んでも、一時間はかからない。食べ終えたばかりというのに、皆一同、いま食べたすしを懐かしむように順に思い出してゆく。この時間のなんと楽しいことか。

江戸前のにぎりずしは屋台からはじまり、したがって、客が好きなものを好きなだけ食べればよいものではあるが、しかし、シンプル極まりないにぎりずしでも、これだけ豊かで奥行きのある味わいがあることを表現してみせたのは、すしの歴史はじまって以来、小野二郎がその嚆矢《こうし》ではなかろうか。

　そして、今日も小野二郎は「すきやばし次郎」のつけ場に、すっくと立っている。にぎりずしをいまだ極められず、と思いながら……。

あとがき

大正十四年（一九二五年）生まれで今年七十八歳になる小野二郎は、いますし職人として円熟の極みに達しようとしている。無駄もスキもないにぎりずしは、まるで宝石のように美しく輝いていて、あのみずみずしい手から生み出されるすしの数々は、小さな奇跡と呼んで過言ではない。

鍛練された手、指から生まれる芸術として思い出すのは、アルトゥール・ルービンシュタインとウラディーミル・ホロヴィッツのピアノである。幸いにも、わたしは八十歳を超えたホロヴィッツの演奏を昭和女子大の人見記念講堂で聴くことが出来たが、あのピアノの熟成した年代物のボルドーワインのような音色は、アルトゥーロ・ベネデッティ・ミケランジェリの磨き抜かれたクリスタルグラスのような音色と共に終生忘れがたいもので、わたしの人生の宝物といってよい。一方のルービンシュタインは、来日公演が一九六六年ということで、わたしは聴くよしもなかったが、一九七五年ルービンシュタイン八十八歳のときのベートーヴェンのピアノ協奏曲「皇帝」の録音は、奇跡といってよいほどの名演奏である。

突飛な言いように聞こえるかもしれないが、小野二郎のにぎるすしは、いまこのふたりのピアノの巨匠の境地に近づきつつあると思う。最近になって「次郎」さんは、八十歳になったら引退と、第一線から身を引くことをほのめかしているが、ここで仕事をやめてしまっては、すしをにぎることが天職であることを自ら放棄することになりやしないか。もっとも、引退するといっても、客がそれを絶対に許しはしないだろうが……。

つまり、客たちは小野二郎というまぎれもない天才のすし職人に、八十歳にならなければにぎれない珠玉のようなすしをいまだ期待しているのである。しかも、小野二郎の仕事ぶりが広く知られるようになって、まだ十年も経ってはいない。かれの宝石のようなにぎりずしを食べたことのないすし好きは日本中にゴマンといるのである。

ピアニストは連日リサイタルを開くことは出来ないが、小野二郎は七十八歳になっても毎日「すきやばし次郎」のつけ場に立っている。この誰にでも楽しめる職人芸術を味わわない手はないのではなかろうか。これからは、ひとりでも多くの人に、清潔感溢れるシンプルこの上ないにぎりずしをにぎり続けてほしいと思う。小野二郎には、八十歳を超えてもなお、職人仕事とは何かをつけ台の向こうに座る客たちに伝える使命があるのだ。

にぎりずしは食べられてしまえばはかない生命だが、立派な伝説になどなるより、食べた人の記憶にいつまでも深く刻まれるほうがよっぽど尊いはずである。

書き終えて改めて思う、小野二郎、すしは天職であると。

山本益博

すきやばし次郎

【住所】東京都中央区銀座4の2の15　塚本素山ビルB1　電話03（3535）3600

【営業時間】11時30分〜14時　17時〜20時30分（土曜は11時30分〜14時のみ）

【定休日】日曜・祝日（ただし、7月8月は土曜も休み）

【予約】おまかせでカウンター席を希望の場合、必ず予約すること。（たとえ席が空いていても、魚や酢めしの都合で入店出来ないことが多く、予約をせずにやって来て、そのまま帰らざるをえないお客様がいまでもいる。遠方から来て「すきやばし次郎」ですしを食べようとするなら、予約は絶対したほうがよい。そして、予約したら、時間厳守のこと。キャンセルの場合は必ず電話を入れることを忘れずに。つけ場には、小野親子が立っているが、おまかせを小野二郎がにぎるかどうかは、あなたの努力と運次第。）

【予算】2万5千円前後

山本記

山本益博　1948（昭和23）年東京都生まれ。料理評論家。早稲田大学文学部卒業。著書に『東京・味のグランプリ』『グルマン』『プロフェッショナルの本領』『エル・ブリ　想像もつかない味』など。

Ⓢ新潮新書

046

至福《しふく》のすし

「すきやばし次郎《じろう》」の職人芸術《しょくにんげいじゅつ》

著　者　山本益博《やまもとますひろ》

2003年12月15日　発行
2008年11月15日　4刷

発行者　佐　藤　隆　信
発行所　株式会社新潮社
〒162-8711　東京都新宿区矢来町71番地
編集部 (03) 3266-5430　読者係 (03) 3266-5111
http://www.shinchosha.co.jp

印刷所　大日本印刷株式会社
製本所　加藤製本株式会社

ISBN978-4-10-610046-8　C0276

Ⓢ新潮新書

001
明治天皇を語る
ドナルド・キーン
前線兵士の苦労を想い、みずから質素な生活に甘んじる——。極東の小国に過ぎなかった日本を、欧米列強に並び立つ近代国家へと導いた大帝の素顔とは？

002
漂流記の魅力
吉村昭
海と人間の苛烈なドラマ、「若宮丸」の漂流記。難破遭難、ロシアでの辛苦の生活、日本人初めての世界一周……それは、まさに日本独自の海洋文学と言える。

003
バカの壁
養老孟司
話が通じない相手との間には何があるのか。「共同体」「無意識」「脳」「身体」など多様な角度から考えると見えてくる、私たちを取り囲む「壁」とは——。

004
死ぬための教養
嵐山光三郎
死の恐怖から逃れるのに必要なのは宗教ではなく、「教養」のみである。五度も死にかけた著者による、自分の死を平穏に受け入れるための処方箋。

005
武士の家計簿
「加賀藩御算用者」の幕末維新
磯田道史
初めて発見された詳細な記録から浮かび上がる幕末武士の暮らし。江戸時代に対する通念が覆されるばかりか、まったく違った「日本の近代」が見えてくる。

Ⓢ新潮新書

010 新書百冊 坪内祐三

どの一冊も若き日の思い出と重なる――。凄い新書があった。有り難い新書があった。シブい新書もあった。雑読放浪30年、今も忘れえぬ〈知の宝庫〉百冊。

011 アラブの格言 曽野綾子

神、戦争、運命、友情、貧富、そしてサダム・フセインまで――。530の格言と著者独自の視点で鮮明になる、戦乱と過酷な自然に培われた「アラブの智恵」とは。

013 時価会計不況 田中弘

株安、デフレ、失業率増加……、大不況の元凶は「時価会計」にあった。日本経済を破滅に導く時限爆弾――「時価会計」の真実の姿を暴く、瞠目の一冊。

014 日中ビジネス摩擦 青樹明子

この教訓に学べ！ 民族差別、摸造品、行政処罰など、なぜ中国進出企業はトラブルに襲われるのか。豊富な具体例で背景を探り、日中ビジネスの明日を示す。

016 真っ向勝負のスローカーブ 星野伸之

球界最高のスローカーブと正確無比のコントロール。歴代16位、２０４１奪三振を記録した細腕左腕星野伸之の玄妙精緻の投球論。野球小僧だったすべての大人に捧ぐ最上級の野球講座。

Ⓢ新潮新書

018
天皇家の財布　森暢平
皇居の水道、電気代って？　家計をやりくりするのは誰？　きらびやかな宮中晩餐会の費用はどのぐらい？　情報公開法を駆使して「皇室の家計簿」を大検証。

020
山本周五郎のことば　清原康正
辛いとき、悲しいとき、そして逆境にあるとき、励ましてくれたのはいつも山本周五郎だった。生誕百年に贈る名フレーズ集。文学案内を兼ねた絶好の入門書。

021
死亡記事を読む　諸岡達一
ここには人間のドラマがある――。眼光紙背に徹すれば、たった十数行の記事でも、一語一語が奥深い。毎日目にしながら、誰も知らなかったその深い読み方。

023
政党崩壊　永田町の失われた十年　伊藤惇夫
細川政権発足から十年。三つの新党で事務局長を務め、「永田町を知りつくした男」の秘蔵メモが語る平成政党裏面史。かくも空虚な政党政治の実像とは……。

024
知らざあ言って聞かせやしょう　心に響く歌舞伎の名せりふ　赤坂治績
かつて歌舞伎は庶民の娯楽の中心であり、名せりふは暮らしに息づいていた。四百年の歴史に磨かれ、声に出して楽しく、耳に心地よい極め付きの日本語集。

Ⓢ新潮新書

037
法隆寺の智慧 永平寺の心
立松和平

人生の大事とは——。般若心経、法華経、さとり……。聖徳太子の精神が輝く法隆寺、道元の思想があまねく染みわたる永平寺。両寺での修行を通し、仏教の精髄に迫る。

038
小博打のススメ
先崎 学

麻雀、おいちょかぶ、チンチロリン……、そして将棋も。ゲームに少しだけ何かを賭ける、それだけで勝負事は何十倍も白熱する。天才棋士が伝授する、バクチの楽しみと奥義。

039
現代老後の基礎知識
井脇祐人・水木楊

小寺清、2005年2月定年。妻あり、ローンあり、再就職先なし。小寺の物語と易しい解説の組み合わせで、定年前後の諸問題に答える画期的な一冊。明快さ、空前絶後！

042
サービスの天才たち
野地秩嘉

高倉健を魅了するバーバーショップから、有名人御用達タクシーまで。名もなき達人たちのプロフェッショナルなサービス、お客の心を虜にする極意とは!?

044
ディズニーの魔法
有馬哲夫

残酷で猟奇的な童話をディズニーはいかにして「夢と希望の物語」に作りかえたのか。傑作アニメーションを生み出した魔法の秘密が今明かされる。